傅佩榮的易經入門課

（增訂新版）

傅佩榮 著

目次

卷三・《易經》的內涵與應用

談《易經》入門

傅佩榮

《易經》是我們的文化之源，其中富含人生智慧。簡單說來，就是「觀察天地變化的規律，用以指導合宜的人生」。由此可以想見這是一本難念難懂的古書。

我曾以三句話描述《易經》：一，不學一定不會；二，學了不一定會；三，學會終身受用。翻開任何一本《易經》介紹，其中六十四個卦象使人眼花，既齊整又美妙，但似乎不知所云。不學又怎麼明白？即使認真學習，知道卦象的義理，接著又有象數方面的應用問題，就是如果不知如何占卦，《易經》的神奇作用也將無從發揮。然後，只要學會義理與象數，《易經》能使人終身受用，將成為我們最可信賴的老師與保護者。

青少年處於知識奠基的階段，如果學一點《易經》入門的觀念，背誦六十四卦的卦名，知道每一卦如何畫成，並且了解這些卦的扼要啓示，那麼我相信小小的心靈將會逐漸在廣度、深度與高度上開拓出新天地。在往後漫長的人生路上，能有這樣的知識相伴，實在是一件美好的事。

我這幾年嘗試把傳統經典解讀為現代人通俗易曉的語文，希望扮演橋樑角色，讓大家接近及欣賞古人的智慧，再互相勉勵去付諸實踐。這是一點心意，還須努力以赴。

卷一

《易經》是什麼

認識《易經》

《易經》是我國最古老的一本書，描述我們的祖先在面對宇宙洪荒時，如何觀察自然界的變化規則，再來安排合理的人類生活。

人有理性，在思考、判斷與選擇時，總是設法趨吉避凶，求福免禍。他首先了解客觀的形勢，再考量主觀的願望，尤其要注意未來的發展，因為萬事萬物無不處於變化之中。《易經》的「易」字，主要就是指「變化」而言。

翻開《易經》，可以看到六十四個卦象。所謂「卦」，即是「掛」，也就是指「掛在眼前的象」，對古人而言，不外乎自然的景觀，就是由「天、地、雷、風、水、火、山、澤」這八大現象所組成的。這八個基本現象取了八個卦名，依序是「乾、坤、震、巽、坎、離、艮、兌」。這些稱為「經卦」，各有三爻（三條橫線）所組成。經卦兩兩相重，成為六十四卦，就是各有六爻的「重卦」了。六十四卦代表六十四種處境或形勢，每一卦有六爻，代表不同的位置，所以人生的三百八十四種狀況一一浮現，提供了非常豐富的啟示。

學習《易經》，是十分值得的，因為它昭示文化的源頭，指引人生的走向，並且啟發個人的安頓。我們將以深入淺出的方式，為青少年介紹《易經》裏面豐富而有趣的道理。

現在市面上的《易經》，其實包含了《易經》與《易傳》。「經」是最早的原典，「傳」是古人對「經」的注解。由於易經的「經」材料太少，只有六十四個卦象，以及每一卦之後的卦辭與爻辭。如果只念這一部分，大概不到二十頁。所以，自從儒家加進「傳」的部分以後，二千多年的讀書人就把經傳合併，合稱《易經》了。

從漢代以來研究《易經》的學者不計其數，他們的心得與貢獻是對易經的發揮，可以合稱為「易學」，影響範圍包括義理、象數、占卜、天文、歷史、醫學、養生、風水、戰爭、謀略等，幾乎是一部傳統文化的百科全書了。

《易經》的由來

古代有「易歷三聖」之說，意思是：伏羲氏畫了八卦並且完成了六十四卦；周文王被關在羑里七年，寫下了卦辭與爻辭；然後到了孔子，再作〈十翼〉，亦即〈易傳〉部分。現在的共識則是：周文王的工作可能得到其子周公的幫忙，而〈十翼〉則是孔子及其後代弟子的合作成果。

那麼，伏羲氏如何著手這個大工程呢？〈繫辭傳〉說：「古代伏羲氏統治天下時，抬頭就觀看天體的現象，低頭就考察大地的規則，檢視鳥獸的花紋與地理的特性。就近取材於自己的經驗，並且往遠處取材於外物，然後著手製作八卦，用以會通神明的功能，比擬萬物的實況。」

用符號來代表外物，然後藉由符號的組合來比擬萬物的變化。近代德國哲學家卡西勒（E. Cassirer）說：「人是使用符號的動物。」。這句話用在《易經》，可謂十分恰當。

譬如，一個人取了名字，那麼他從小到大都用這個名字，但是他這個人卻一直處於變化之中。名字就是他的符號，他再怎麼變，名字都是一樣。《易經》的道理比這個例子複雜百倍。它使用八個基本符號來代表八種自然現象，同時也可以代表家庭中的八個角色，人身上的八個器官，八種常見的動物，八種特殊性質等等。組合起來的象徵只能以「千變萬化」來形容。

伏羲氏從古代的有巢氏、燧人氏一路發展下來，開始積極從事文化方面的建樹。周文王被囚禁時，正是商紂王暴虐無道而天下蒼生哀哀無告之時，真正的君子必定充滿「憂患」意識，就是擔心人類將會因而滅絕。於是才有針對卦與爻所作的卦辭與爻辭，希望藉此提醒世人要「依天道以立人道」。但是，這些簡短的文字實在有如「天書」，難以理解。所以到了孔子以及他的一代代弟子，才會合作寫成十部分的〈易傳〉，把其中的啟示作了詳細的說明。

八卦是什麼？

何謂卦？

所謂「卦」，是指「掛在眼前的象」，對古人而言，不外乎原始的景觀，就是由「天、地、雷、風、水、火、山、澤」這八大現象所組成的。八種現象共有六十四種組合，形成六十四卦。每一卦有六爻，於是出現三百八十四爻。

何謂爻？

「爻」是「仿效」變化的兩個基本單位，亦即主動的陽爻與受動的陰爻。這一陽一陰的兩條橫線（陽爻不斷裂，陰爻斷裂），有如一與零的二元對數，由此出發，形成了千變萬化的狀況。

先天八卦圖

相傳伏羲作「先天八卦圖」，就是把八卦排列為一個大圓形的外圍，中間是一個小圓形的太極。太極分為白黑兩部分，代表陽與陰，所以又稱「陰陽魚」。白魚中有黑點，黑魚中有白點；「點」狀如魚的眼睛。中分的線條是彎曲的，代表變通的趨勢。陰中有陽，陽中有陰，如此萬物不斷在變化之中。

背誦八卦有個口訣：「乾三連，坤六斷，震仰盂，艮覆盌，離中虛，坎中滿，

先天八卦圖

兌上缺，巽下斷。」想學易經，一定要牢記這個口訣，因為會背就會畫，並且不會畫錯。配合圖表來背時，方法是由中間的上到下，再由左而右，由下到上。

八卦可以簡單分為四組。在《易經・說卦傳》指出：「天地定位，山澤通氣，雷風相薄，水火不相射，八卦相錯。」這裏已經用八卦來象徵八種自然現象了。意思是：天（乾）與地（坤）上下定位，山（艮）與澤（兌）氣息貫通，雷（震）與風（巽）相互激盪，水（坎）與火（離）背道而馳，八卦形成彼此交錯的現象。

在觀察先天八卦圖時，要以中間的太極為核心及底部，不然坎與離怎麼會變成直畫，而震與艮也好像顛倒了？切記。

後天八卦圖

有先天八卦，自然就有後天八卦了。《易經・繫辭傳》說：「帝出乎震，齊乎巽，相見乎離，致役乎坤，說言乎兌，戰乎乾，勞乎坎，成乎艮。」意思是：天帝（代表宇宙的創化力）從震位出發，到了巽位使萬物整齊生長，到了離位使萬物彼此相見，到了坤位使萬物彼此幫助，到了兌位使萬物愉悅歡喜，到了乾位使萬物相互交戰，到了坎位使萬物勞苦疲倦，到了艮位使萬物成功收場。

後天八卦圖的特色是：震在東方，離在南方，兌在西方，坎在北方。它的東與西，是由北方向南方看，所以東在左而西在右，與我們使用的地圖正好相反。一般在風水上所說的「左青龍，右白虎，南朱雀，北玄武」，就是來自此圖，震是青

後天八卦圖

龍，兌是白虎，離是朱雀，坎是玄武（黑色的龜與蛇）。

再配合五行來看。震為木，離為火，兌為金，坎為水，中間的土則是把位在西南的坤擺進來。在念的順序是「木，火，土，金，水」，這個順序不能念錯，因為它涉及五行相生相剋的道理。「比相生而間相勝」，依順序相生而間隔一個則相剋。五行的顏色則是「青，紅，黃，白，黑」。後天八卦圖的應用之廣，亦由此可見一斑。

六十四卦的卦名

一般所謂的「八卦」，是指由三爻所組成的八個基本卦，又稱「經卦」，亦即：乾（☰），坤（☷），震（☳），巽（☴），坎（☵），離（☲），艮（☶），兌（☱）。至於構成易經主要內容的六十四卦，則是由這八個經卦兩兩相重所組成的六爻卦。

朱熹特地編了一段〈卦名次序歌〉，方便我們記誦。

乾坤屯蒙需訟師，比小畜兮履泰否。
同人大有謙豫隨，蠱臨觀兮噬嗑賁。
剝復無妄大畜頤，大過坎離三十備。
咸恆遯兮及大壯，晉與明夷家人睽。
蹇解損益夬姤萃，升困井革鼎震繼。

艮漸歸妹豐旅巽，兌渙節兮中孚至。
小過既濟兼未濟，是為下經三十四。

學習易經的第一課，就是要花半天時間記熟上述次序。六十四卦每兩卦一組，可分為三十二組。譬如乾（䷀）與坤（䷁）是互為「變卦」（六爻皆變），而屯（䷂）與蒙（䷃）則是互為「覆卦」（由下往上翻覆）。三十二組的每一組的兩卦都是「非覆即變」。如此容易記住了。接著，還須記得每一卦怎麼畫，以致聽到卦名就知道卦象。

覆卦示意圖

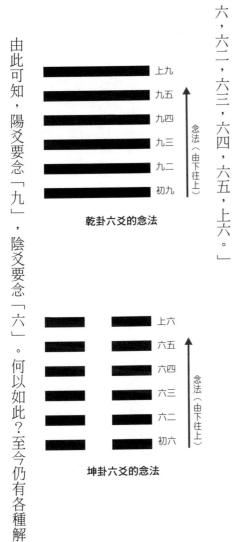

一卦各爻的讀法

一卦有六爻，是由兩個三爻所組成的。在畫卦的時候要「由下往上」，在讀每一爻的時候，也就依此而有一定的讀法。譬如，乾卦（䷀）的各爻要念成「初九，九二，九三，九四，九五，上九」；而坤卦（䷁）則依序由下往上念成「初六，六二，六三，六四，六五，上六。」

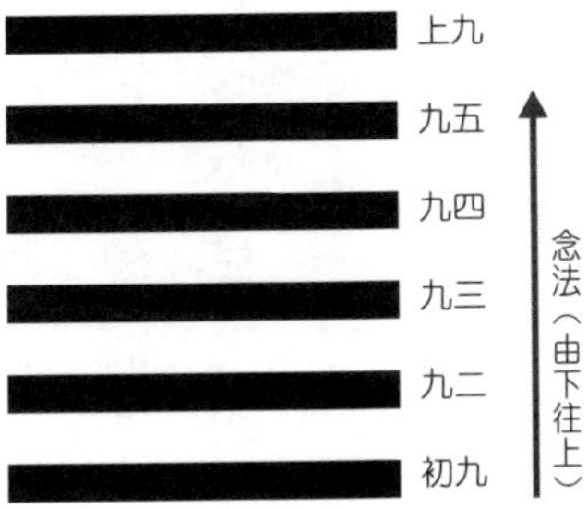

乾卦六爻的念法

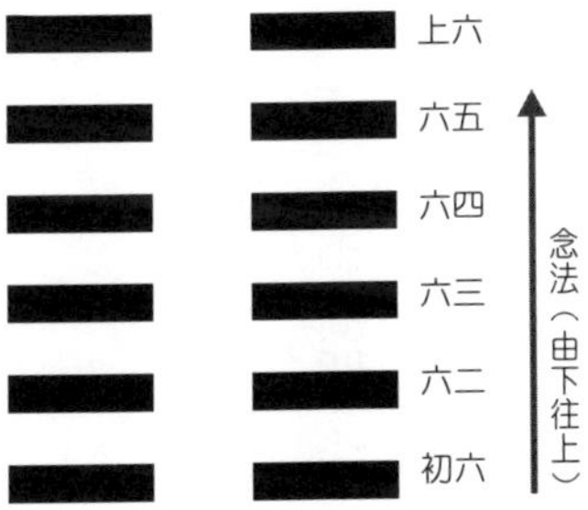

坤卦六爻的念法

由此可知，陽爻要念「九」，陰爻要念「六」。何以如此？至今仍有各種解釋。譬如，陽是奇數，又以動為主，所以取奇數（一、三、五、七、九）之終，表示動之極。陰是偶數，且以靜為主，所以取偶數（二、四、六、八、十）之中，因為六在中間，表示靜之極。

在讀的時候，最底下的「一」要念「初」；最上面的「六」要念「上」。並且要念成「初九」或「初六」，以及「上九」或「上六」。中間四爻則先念九或六。譬如屯卦（䷂）就念成「初九，六二，六三，六四，九五，上六」。其他各卦的讀法可以依此類推。

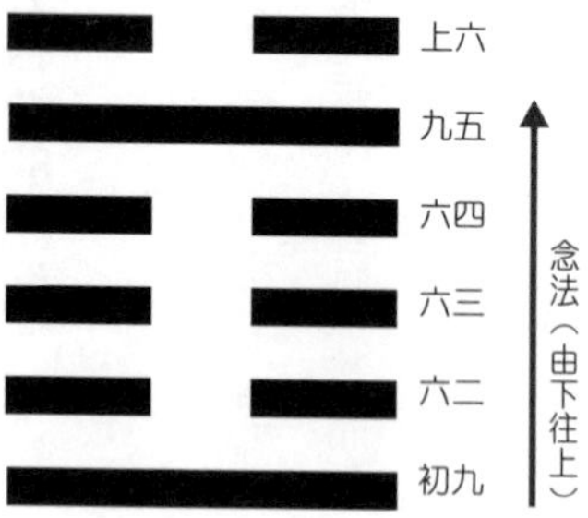

屯卦六爻的念法

以上所說是兩千多年以來所形成的習慣，有如基本文法，沒有什麼道理。我們只要學會了這套文法與術語，就可以翻開任何一本討論易經的書，欣賞作者的研究心得了。「工欲善其事，必先利其器」，由此可以進入易經的奇妙世界。

爻的位置

易經有六十四卦，每一卦有六爻，所以全部加起來是三百八十四爻，所代表的是人生的三百八十四個位置。如果真要分辨，則人生的位置何止千萬種。

爻代表位置，位置由下往上，要念「初，二，三，四，五，上」。由於六爻卦是由兩個三爻所組成，所以稱為上卦（或外卦）與下卦（或內卦）。對爻來說，最好的位置是在「中」，亦即二與五。二在下卦之中，五在上卦之中。在中間代表有人護衛，並且言行合乎中庸，總是比較適宜。

其次，由下往上計算，「初、三、五」是奇數，代表剛位，適合陽爻；「二、四、上」是偶數，代表柔位，適合陰爻。然後，對個別的爻而言，若是陽爻，最好是「乘陰」（在陰爻之上）；若是陰爻，最好是「承陽」（上面有陽爻可依靠）。我們把陽爻與陰爻理解為主動力與受動力，就知道為何會有這樣的說法。

關於爻的位置，有三種簡單的考量。一是「當位」，就是要看陽爻是否在剛位（初，三，五），以及陰爻是否在柔位（二，四，上）。二是「乘與承」，陽爻乘陰爻，以及陰爻承陽爻，都是合宜的。三是「應」，就是下卦與上卦相對位置的兩個爻是否陰陽相應，譬如：初與四，二與五，三與上，這三對是「異性相助，同性相斥」。另外，還有「比」的考慮，就是相鄰的爻能否形成助益。

六爻卦共有六十四個，形成易經的主體。每一卦的六爻，除了分為上下（外內），還代表了一個宇宙，就是「天、人、地」：初爻與二爻代表「地」，三爻與四爻代表「人」，五爻與上爻代表「天」。譬如，乾卦九二說「見龍在田」（田即是地），九五說「飛龍在天」。由於三與四代表「人」，所以出現猶豫不決的情況。並且，三在下卦的外邊，四在上卦的內邊，都在邊緣地帶，所以顯得動盪不安。

但是，處於「上」的位置也不太好，因為爻的變化是由下往上（由內往外）推移。乾卦說「上九，亢龍有悔」，龍飛得太高，由此覺得懊惱，因為前無去路，只得離開舞台。人生不論處於任何位置，都有適宜的因應心態。

卦象的用意

《易經・繫辭傳》是一篇獨立的論述，暢談有關易經的各種觀念。譬如，古代聖人為什麼要設計這一套符號系統，其用意何在?我直接以白話來敘述其中道理。

「聖人設計卦的圖案，觀察卦象又附上了解說，用以彰顯吉祥與凶禍，藉由剛爻與柔爻互相推移而展現變化。因此，吉祥與凶禍，是描寫喪失與獲得的現象；懊悔與困難，是描寫煩惱與鬆懈的現象；各種變化，是描寫推進與消退的現象；剛爻與柔爻，是描寫白晝與黑夜的現象。六爻的活動，代表了天地人三個層次的運行規則。」

由此可知，易經一卦六爻是為了描述「變化」。變化若與人的願望配合來看，就有吉凶與悔吝的結果。由於變化一直在進行之中，所以人除了仔細觀察各種細節之外，還須培養德行，亦即體認「天道無吉凶」。天道是指六十四卦所構成的萬物萬象的整體，我們不可能只取某些好的部分而排斥另外那些壞的部分。

事實上，好或壞常常繫於主觀的認知與意願。只要節制欲望，任何一卦都有可取的部分。我們常說的「有則改之，無則加勉」，「止謗莫如自修」等，都是類似的教訓。只有在修德方面，可以說「求人不如求己」。

單卦的基本性質

乾卦的象徵

乾卦（☰）是第一卦，「乾三連」是指乾卦由三條陽爻所組成。陽爻是一條橫線，中間不斷裂；三條陽爻不是「三連」嗎？陽爻代表主動力，是變化的主導因素，形成三陽爻的乾卦之後，又象徵什麼呢？以下由六方面來描述。

一、在自然界，乾卦是指「天」。有天有地（地由坤卦來象徵），萬物才可能在其中生存發展。

二、基本性質是「健」，就是剛健不已的生命創造力。缺少此一生命創造力，萬物無從產生。

三、在家庭中，乾卦是指「父」。所謂「乾坤生六子」，一家八口，其實是古代的標準家庭結構。

四、在身體上，乾卦是指「首」（頭部），無庸置疑。

五、在動物中，乾卦是指「馬」，因為馬能健行。

六、延伸所指，乾卦代表了：圓（因為天圓地方），君（作為領袖），金與玉（因為貴重），大赤（大紅色，代表正宗）等等。

在上述象徵中，有些是一目了然，有些則要稍加思索，而考量的重點是「古人的世界」。明白這個背景之後，才可以進而發揮想像力，用一個卦來象徵今日世界的事物。學習易經，是練習增強想像力與理解力的好辦法。

坤卦的象徵

坤卦（☷）是由三個陰爻所組成。陰爻是一條橫線，中間斷裂，所以坤卦的畫法是「六斷」。陽爻代表主動力，陰爻自然是受動力了。有主動也有受動，才有變化的可能。有創造也有發展，萬物也才可生生不息。談到坤卦的象徵，也可以由六個方面來看。

一、在自然界，坤卦是指「地」。乾為天，坤為地，這二者使萬物既有生存空間，又有能量來源。

二、基本性質是「順」，要順從天的指引，並且柔順對待萬物，對一切都逆來順受。

三、在家庭中，坤卦是指「母」，負責養育子女。

四、在身體上，坤卦是指「腹」，可容納亦可孕育。

五、在動物中，坤卦是指「牛」，因為牛性溫順，又能負重致遠。

六、延伸所指，坤卦代表了：眾人（相對於君而言），布帛（母親要織布，並且布可包物），鍋（煮飯之用），吝嗇（本身只順承而不創造，必須省儉），大車（可以載重），黑色土地等等。

若想了解易經的道理，首先要充分明白乾坤二卦的象徵。它們是純陽卦與純陰卦，然後陰陽交錯就形成另外六卦了。

震卦的象徵

震卦（☳）排在第三，因為它代表在父母之後的長男。何以知道是長男？易經的八個單卦都由三爻所組成，爻的念法是由下往上。物以稀為貴，爻以少為主；因此在一陽二陰的組合中，陽為主，代表這是個陽性卦。並且陽爻在最底下（亦即第一個位置），所以稱為長男。至於其他的象徵，則是：

一、在自然界，震卦是指「雷」。在天地形成之後，要靠雷聲來震動及喚醒萬物的生機。

二、基本性質是「動」。陽爻在下，充滿動力。

三、在家庭中則是長男。

四、在身體上，顯然是「足」了，否則如何行動？

五、在動物中，震卦是指「龍」。龍是古人心目中的三棲動物，充滿各種潛能。長男也須接位，未來不可限量。

六、延伸所指，震卦代表了：青黃色（古代有青龍白虎之說），大路（開闊大道），急躁（行動多而思考少），善鳴馬（震為雷鳴，又可行動），反向而生的禾稼（先生根再長枝幹）等等。

基本八卦的每一卦都有十個以上的象徵。在解卦時，自然形成許多複雜的可能性。若非如此，又怎能用八卦（三爻卦）所形成的六十四卦（六爻卦）來描述人生的際遇與處境呢？

巽卦的象徵

巽卦（☴）代表長女，因為它由一陰二陽所組成，並且陰爻在最底下的第一個位置。巽卦又象徵「風」，因為在三爻中，上面二條陽爻代表充實而不動的天體，底下的陰爻則是空虛而容許空氣流動，以致形成了風的現象。關於象徵，我們為了各卦整齊起見，還是依序介紹。

一、在自然界，它指涉「風」。

二、基本性質是「入」，因為風就是空氣流動，而空氣無所不入。一般又把這個「入」描寫為順利，如一帆風順。

三、在家庭中，巽卦是指長女。

四、在身體上，巽卦是指「股」，亦即大腿部分，因為它介於足與上半身之間，可以聯繫而不能採取行動。

五、在動物中，巽卦是指「雞」。古代風神皆為鳥形，而雞為鳥類。

六、延伸所指，巽卦還代表：木（可以開花結果），繩直（木幹為直），長與高（皆與木有關），進退不定（有如風向不定），沒有結果（不定則無結果），白色（木心為白，而風本無色），多白眼（嫌棄別人），近利市三倍（投資順利，收穫可期）。

每一卦的象徵有好有壞，有時還自相矛盾，但是人生許多事情不正是換個角度就面貌迥異嗎？

坎卦的象徵

坎卦（☵）如果豎直起來，就是象形字的「水」，可見易經的卦象與古代文字有些關聯。坎卦由一陽二陰所組成，所以是陽性卦；並且陽爻在由下往上的第二個位置，所以稱為中男。它的各種象徵如下：

一、在自然界，坎卦是指「水」。

二、基本性質是「陷」。水深難測，水流危險，有如陷阱。今日還在使用「坎陷」一詞。

三、在家庭中，是指中男。

四、在身體上，坎卦是指「耳」，因為耳能聚集聲音，正如水能聚在低處一般。

五、在動物中，坎卦是指「豕」，因為大豬喜歡待在潮濕之處。

六、延伸所指，坎卦還代表：溝渠，隱伏，弓或車輪，月亮，強盜，多憂愁，心病，美脊馬，拉車的馬，多災多難的車，堅實多刺的樹等等。

坎卦象徵雖多，主要還是指涉困境。易經六十四卦中，有所謂四大難卦（屯卦、習坎卦、蹇卦、困卦），皆包含坎卦在內，也是這個緣故。但是，危機也是轉機，人在憂患中才會提高警覺，由此轉危為安。

離卦的象徵

離卦（☲）與坎卦相對，所以代表了「火」。它是一陰二陽，屬於陰性卦。陰爻在由下往上的第二位，所以是中女。它的各種象徵如下：

一、在自然界，它是指「火」。

二、基本性質是「麗」，「麗」是指附麗或依附，亦即火總是依附在木柴或蠟燭上，而不會獨自燃燒。

三、在家庭中，是指中女。

四、在身體上，離卦是指「目」，因為火代表光明，而光明顯然與眼睛有關。

五、在動物中，離卦是指「雉」。山林中的野雞，羽毛色彩豔麗，有如火光閃爍。

六、延伸所指，離卦還代表：日，電（閃電之光），盔甲，戈兵武器（火能防衛，也能傷人），龜（可用以占卜，顯示未來），甲殼類，葉子脫落而枯槁的樹木等等。

韓國國旗所取的正是先天八卦圖中的四卦。四卦是指乾、坤、離、坎，正好分布於上下左右，代表的是「天地日月」。由此可見，離卦常用以象徵日，有如白天大放光明，或色彩斑爛的文明表現。不過，離為火，稍一不慎，火也能造成重大災害。

艮卦的象徵

艮卦（☶）的卦象下虛上實，有如我們看山都是注意山的稜線或山峰的曲線。它是一陽二陰，並且陽爻在由下往上的第三位，所以代表少男。它的各種象徵如下：

一、在自然界，它是指「山」。

二、基本性質是「止」，因為古人遇山則止，無法跨越，並且它是少男，在陽性爻方面到此為止。

三、在家庭中，艮卦是指少男。

四、在身體上，艮卦是指「手」，因為人會伸手阻擋別人的侵犯。

五、在動物中，艮卦是指「狗」，因為狗能看門，阻止陌生人。

六、延伸所指，艮卦還代表：小路（相對於震卦的大路），小石（山腳下小石多），門闕（不讓外人進入），守門人，植物果實（終於有了結果），黑嘴禽獸（陽爻在上，有如硬的嘴在外），堅硬多節的樹等等。

一般研究卦象，會特別注意其基本性質，因為六十四卦是由八卦兩兩相合所形成。任何兩個單卦的組合，都會顯示兩種性質的並列，那麼它們會相斥還是相吸？所以，必須熟悉八卦各自的基本性質，才能掌握其含意。

兌卦的象徵

兌卦（☱）由一陰二陽組成，是陰性卦，並且陰爻位於由下往上的第三位，所以代表少女。它也是基本八卦的最後一個。那麼，它有何象徵呢？

一、在自然界，兌卦是指「澤」。沼澤的水是平靜安全的，也是人類與其他生物所需要的。

二、基本性質是「說」。這是喜悅的「悅」字。見到沼澤，對於逐水草而居的古人，自然欣喜有加了。

三、在家庭中，它是指少女。

四、在身體上，兌卦是指「口」，因為口能說話唱歌，使人愉悅。

五、在動物中，它是指「羊」。古人造字時，以「羊大」為「美」。少女亦讓人欣賞。

六、引伸所指，兌卦還代表：口舌是非（說話也可能形成各種風波），毀折

（有了缺口），脫落（不完整），巫（可以預言），妾（年輕女子）。

兌卦所象徵的口，既有喜悅之意，又有毀折之意。這表示成敗皆在於說話。易經總是提醒人注意言與行，孔子也勸人「敏於事而慎於言」。言行皆須出於真誠之心。只要心誠，說話自然感人，可以讓大家分享喜悅。

卷二

六十四卦的生活智慧

䷀ 乾卦
第1卦
六爻皆陽

乾卦

潛龍勿用

《易經》的第一卦是「乾卦」（䷀），六爻皆陽。它代表天體運行，有剛健不已之象。天體是指日、月、星辰，從來不曾停止運轉，但是天體依然要按照「時機」各就其位。於是，乾卦的初九就說：「潛龍勿用。」意思是：龍潛伏著，不要有所作為。

談到「龍」，據說古代有龍，是一種充滿活力的動物，可以在水中、陸地、天空縱橫馳騁。譬如，孔子拜訪老子之後，就說老子像龍一樣，可以「乘風雲而上天」。但是，初九的龍，往上一看是五個陽爻，根本沒有自己活動的空間，因此不如稍安勿躁，繼續培養實力吧！

簡單說來，青少年在十九歲以下（還未到二字頭），都算是處在初九的狀況，這時恰好是求學的良機，除了認真學習之外，談不上什麼專長。當然，也有些人懷才不遇，像諸葛亮在出山幫助劉備之前，就有「臥龍」之稱。換言之，即使才學兼備，也須看看天時、地利、人和是否都合宜。《易經》講究時機與位置，年輕時做個潛龍，將來才有機會一飛沖天，大展鴻圖。

飛龍在天

前一陣子，聽到有些人在談「飛龍在天」，進一步打聽之下才知道，原來那是一齣電視連續劇的名稱。事實上，單單從字面就可以猜到那是宏偉壯觀而令人嚮往的境界。

易經「乾卦」的第五爻說：「九五，飛龍在天，利見大人。」一卦的六爻，是由兩個三爻單卦所重疊形成的，因此有下卦與上卦之分。下卦打好了基礎，上卦才有揮灑的空間。並且，易經既然重視時勢與位置，那麼位居上卦中間的九五不是最為理想嗎？

九五為何談到「天」？這是因為六爻可以由下而上分為三組位置，亦即下二爻為「地」，中間二爻為「人」，上面二爻為「天」。九五到了天位，有如「天子」，這時「利見大人」，是說「適宜見到德行完備的人」，意思是：天下的人才可以受到重用，有如堯見到舜一樣，必待君臣攜手共同努力，天下才會大治，百姓也才能享福。

後代以「九五之尊」一詞描寫帝王的無上地位，就是受到易經的啟發。不過，任何人在自己的生命歷程中，以及在個人事業的發展上，也都有抵達「九五」地位的機會。譬如，許多企業領袖在五十多歲時頗有成就，正是類似的情況，這時要多想想如何拔擢人才及照顧員工。

亢龍有悔

金庸小說裏的丐幫幫主有一門絕學，稱為「降龍十八掌」，其中最後一招是

「亢龍有悔」。

易經「乾卦」上寫著：「上九，亢龍有悔。」六爻的最上爻為陽爻，就稱為「上九」（陰爻則稱為「上六」）。到了最高也是最後的位置，由於接著面臨「非變不可」的情勢，所以常是弊多於利。這句原文的意思是：龍飛得太高，已經有所懊惱。

以學生來說，如果成績在中間，就很容易感受到「不進則退」的壓力，所以「乾卦」的九三與九四都提醒我們不可鬆懈，要日夜精進。但是，一旦力爭上游，到了第一名的時候，看到別的同學都以自己為競爭的假想敵，而自己在班上又沒有更高的目標時，就難免有些懊惱了。一方面，這是「高處不勝寒」；另一方面則會希望早些畢業，準備在下一個階段（如上高中、上大學、進入社會等），再從頭開始奮鬥。

如果要避免懊惱，就須多培養德行，不要以勝過別人為唯一考量。或為，發現自己在某一方面有些成就時，也應學會欣賞別人，所謂「聞道有先後，術業有專攻」，只要化解狂妄自大的念頭，自然也不會有什麼懊惱了。

自強不息

在《易傳》中，有一部分稱為〈象傳〉。每一卦之後都有「象」。描寫全卦涵義的，稱為「大象」，分別描寫六爻的，稱為「小象」。譬如，「乾卦」的「大象」就說：「天行健，君子以自然不息。」

這句話的意思是：天體的運行剛健不已，君子因而要求自己不斷奮發上進。對古人來說，天體主要是指日與月，然後再包括星辰以及天上的風雲變化。由於天體的運行，人間才有春夏秋冬四季的更迭，以及寒暑、日夜的輪替。這樣的運行是從不止息的，顯示了剛強勁健的活力。「乾卦」六爻皆陽，而陽爻代表主動力，象徵人在活著的時候，必須發揮求生意志，不斷奮發上進。

因此，有些人每天慢跑，運動健身而持之以恆，這當然是一種「自強不息」。有些人每天念書，活到老學到老，觀念流暢而思想活潑，這也是一種「自強不息」。不過，「乾卦」所提醒我們的，則是在德行方面，亦即：君子以成就道德做為行動的目標，要體現在日常可見的行為中。

只有在德行上自強不息，人生才有真實的價值。以此為共識，大家都向著德行努力，社會與國家自然安和樂利了。只有自強不息，我們才能肯定每一天都值得全力以赴。

傅老師說卦

人生首務在於「認識自己」，知道自己的處境也明白自己的奮鬥目標。若要保持自強不息的動力，則須先建立清楚而高尚的動機。父母對子女無不望其成為龍鳳，那麼做子女的不是首先應該釐清自己成為龍鳳的動機與方法嗎？

坤　卦
第 2 卦
六爻皆陰

坤卦

厚德載物

既然介紹過「自強不息」，自然不能錯過「厚德載物」了，因為這是坤卦的啟示。原文是：「地勢坤，君子以厚德載物」，意思是：大地的形勢順應無比，君子因而厚植自己的道德來承載萬物。

坤卦六爻皆陰，象徵大地與母親。大地生養萬物，可以說是來者不拒，無不包容；母親生育子女，想盡辦法也要保護他們周全，看似柔順而其實堅強。坤卦以牝馬做為比喻，強調「母馬是屬於大地的生物，馳行大地而沒有疆界，性格柔順而適宜正固。」

坤卦所描述的人生處境，是我們十分熟悉的。譬如，子女面對父母，學生面對老師，屬下面對長官，弱勢面對強勢，少數面對多數等等，這個時候必須柔順有如大地，並且堅守崗位，實實在在地負責盡職。大地的工作是完成上天所交付的使命；如果沒有大地，上天的創造能力再強也只是徒勞無功。必須天地配合，萬物才會生生不息。

「厚德載物」的「厚」字，代表日積月累、涓滴成河，沒有長期的努力是不會成功的。至於「物」字，則包括人在內，並且要由人及物，亦即孟子所謂「親親而仁民，仁民而愛物」。這也是每一個人都嚮往的境界。

見微知著

坤卦初六說：「履霜，堅冰至。」意思是：腳下踏著霜，堅冰將會到來。天氣寒冷到了結冰的程度，但是別忘了，它也是日復一日漸漸形成的，就看我們是否心思敏銳，可以觀察入微，及早預作準備罷了。

周朝實行封建制度，太公望受封於齊，周公旦受封於魯。太公問周公如何治理魯國，周公說：「尊尊，親親。」太公就說：「魯國從此衰弱不振了。」接著，周公問太公如何治理齊國，太公說：「舉賢而上功。」周公就說：「齊國後代一定會有國君被劫殺。」後來，歷史驗證了：齊國傳了二十四世就被田氏篡奪；而魯國國勢雖弱，卻傳了三十二世。

「尊尊，親親」，是尊敬身分高貴的人，親近有血緣關係的人，亦即遵守禮樂教化的規定。如此一來，國勢無法強盛，但是國家的凝聚力較高。「舉賢而上功」，是推舉有才幹的人，以功勳為任官考量。如此一來，國勢自然強盛，但是國家也容易陷於動盪不安。國家有立國方針，個人有處世原則，在起心動念之時，就已經預告了將來的發展與結局。我們對此怎能不謹慎呢？世間沒有偶然之事，只怪我們未能及早見微知著。

敬義並用

談到修養方法，易經坤卦在〈文言傳〉中，建議君子要「敬以直內，義以方外」。內是內心，外是表現出來的言行。對內與對外這兩方面，所用的方法不同。

所謂「敬以直內」，是說「以嚴肅態度持守內心的真誠」。「直」字與真誠一向聯繫在一起。孔子說：「人之生也直，罔之生也幸而免。」意思是：人活在世間，應該真誠而正直；沒有如此而能活著，那是靠僥倖而得免於難。因此，我們要忠於自己的感受，隨時省察起心動念是否純正。真誠而正直的人總是受到大家的肯定與推崇。

其次，所謂「義以方外」，是說「以正當方式規範言行的表現」。「義」者「宜」也，是指適當而言，推而至於正當性。譬如，社會所規定的禮儀與法律，就具有正當性；個人面對特定狀況時的考慮，未必是禮儀與法律所明訂的，這時應該如何判斷？孟子認為：「羞惡之心，義之端也。」如果自己的行為未能符合社會的一般期許，會覺得羞恥厭惡，那麼這種心思就是「義」的開端了。如此一來，人的言行必然是既正當又高尚的。

〈文言傳〉繼續說：「做到既嚴肅又正當，他的德行就不會孤單了。」大家都會共同效法這樣的德行。

無咎無譽

坤卦六四的爻辭說：「括囊，無咎無譽。」意思是：紮起口袋，沒有災難也沒有稱譽。為什麼要這麼說呢？

坤卦是柔順的卦，六四又是陰爻居柔位（二、四、上為柔位），並且六四到了上卦（四、五、上為上卦），可以對下卦表達自己的意願與作為；這個時候，處境危疑不安，最好更加收斂。「括囊」就是要你守口如瓶，謹言慎行。

〈文言傳〉談到六四時，說：「天地變化，草木蕃。天地閉，賢人隱。」意思是：天地之間變化不已，草木滋長茂盛。天地之間閉塞不通，賢人就會隱退。坤卦六爻皆陰，有陰而無陽，有地而無天，根本就沒有變化的條件。既然如此，賢人也沒有得君行道的機會，不是只好退隱修行，並且言行謹慎，等待時機的來臨嗎？

「無咎無譽」一語，是在描寫明哲保身，還是描寫某種鄉愿呢？鄉愿是指好好先生，從不堅持原則，以致受到孔子與孟子的批評；而明哲保身則是堅持「括囊」，完全收斂心思，安靜修德。這兩者截然不同。

「名之所至，謗亦隨之。」有稱譽，也可能隨之帶來災難。在時機尚未成熟時，寧可厚植實力，稍安勿躁。孔子說：「欲速則不達，見小利則大事不成。」

傅老師說卦

「創業維艱，守成不易。」從坤卦我們學會如何守成，也就是要順應外在的條件。能做個好屬下，才可做個好長官，如果人人爭相領導，團體可能寸步難行。許多事情，成功不必在我。大家合作，可以分享成功的果實。

䷂

屯卦
第3卦
水雷屯

屯卦

走出蠻荒

想像我們在原始雨林中，四周是巨樹長草，凶猛野獸出沒，雷聲震耳，大雨傾盆。易經以「天造草昧」一語來描述此情此景，意思是：上天的造化仍在草創冥昧的階段。易經接著乾（代表天）與坤（代表地）二卦之後，強調天地之間開始出現萬物，這時的象徵是屯卦。

屯卦的「屯」字，形狀像小草出土、冒出地面；生命一發動，就將充滿天地之間，所以「屯」又指「盈」。生命的初始階段總是危機重重，所以「屯」有困難之意。由卦象看來，是「水雷屯」（䷂）。水在古人心目中，代表危險，因為河水湍急、湖水深不可測；雷鳴使人震撼，必須起而行動。但是這時的行動宜守不宜攻，宜退不宜進。

屯卦六爻有三次提及「乘馬班如」一語，意思是：騎上馬也是團團打轉。即使有馬匹的幫助，也走不出這樣的困局，因為天地之間沒有任何地方是安全的。那麼，怎麼辦呢？最好是先就地安頓下來，也就是「建侯」，要組成部落，推舉領袖。領袖的責任是「屯其膏」，這裏的「屯」就要念成屯積的屯，亦即要屯積恩澤，累積資源、厚植實力，等候時勢的變化。人類可以化蠻荒為文明，團結合作，建立安和樂利的社會。易經第三卦的用意在此。

傅老師說卦

我們不必排斥危險與困難，因為一方面人生不能沒有考驗，而另一方面考驗正是自我成長的契機。「不經一番寒澈骨，那得梅花撲鼻香」？不經錘鍊，一堆鐵沙怎能成為一柄鋼刀？

䷃ 蒙卦
第4卦
山水蒙

蒙卦

蒙以養正

蒙卦是易經的第四卦，卦象是「山水蒙」（䷃），表示山下有水。剛剛從山下流出的稱為清泉，有如萬物的幼稚階段。以人而言，稱為兒童。兒童清純天真，固然惹人憐愛，但是這時正是關鍵時刻。所謂「蒙以養正，聖功也」，意思是：蒙昧之時可以用來培養正道，這是造就聖人的功業啊。

兒童入學，稱為啟蒙。所謂「蒙」，是指不明事理，一切全依本能、欲望、情緒與衝動，並且總是以自我為中心，不知道人間的規範與正當的言行。因此，啟蒙教育不能忽略管教，其目的是「藉此讓他們擺脫桎梏」。桎梏有二義：一是七情六欲對自己形成無法抗拒的誘惑，有如陷入情欲的深淵而無法自拔；二是由於違法亂紀而入獄服刑。我們教育兒童，是希望他們擺脫這兩種桎梏。

再就「山水蒙」來說，山是明顯的阻礙，表示前無去路；水是危機重重的處境。這時的作為是「險而止」，遇到危險就停下來。停下來做什麼，蒙卦的〈大象傳〉說：「君子以果行育德」，意思是：君子由此領悟，要以果決的行動培育道德。換言之，不論大人或兒童，都要在發覺處境蒙昧時，定下心來學習與修德。如此方可成就聖人的功業。這是人生成敗的分水嶺，不可不慎。

傅老師說卦

人在蒙昧時，必須用心學習。孔子認為自己勝過別人之處是「好學」。而好學不正表示他謙虛上進嗎？沒有人是全知的，韓愈說：「聞道有先後，術業有專攻。」我們一定可以從別人身上學到一些東西，結果自視蒙昧的人反而化解了許多盲點。

䷄

需卦
第5卦
水天需

需　卦

耐心等待

無論做任何事，都須等待時機成熟。如果貿然採取行動，結果可能事倍功半。

易經在蒙卦以後，接著談到的是需卦，提醒我們要耐心等待。

需卦的卦象是「水天需」（䷄）。水在上而天在下，這表示水還處在雲氣階段，有如天上飄浮的白雲。雲尚未凝結為雨，所以必須等待。〈大象傳〉說：「君子以飲食宴樂。」在六十四卦中，只有需卦說得這麼輕鬆，居然鼓勵我們飲食宴樂。別的卦都會警惕我們修德行善，不可耽於逸樂。由此可知，人的行動需要配合時空條件。

宋儒程頤說：「飲食以養其氣體，宴樂以和其心志，所謂居易以俟命也。」

人有身體與心志，這兩者在平常的日子裏（居易），應該善加養護，以等待天命的降臨（俟命）。所謂天命，是指個人得君行道，可以發揮抱負，為國服務，造福百姓。如果平時沒有妥善的準備，或者平時怨天尤人，心緒煩躁，那麼即使得到任命的機會，又能完成什麼大事？

因此，飲食宴樂不只是為了享受，而且也是在耐心等待時機與條件的配合。一個人年輕時保持身體健康與心靈和諧，將可保證往後一生的健全發展。

傅老師說卦

在正常的飲食宴樂之外，我們還需要良師益友的督促與鼓勵。至於念書求學、努力上進，更是年輕時不可或缺的必修課。「書到用時方恨少」，先別擔心將來沒有機會發揮抱負，而要擔心自己在等待期間，準備得夠不夠。

訟　卦
第 6 卦
天水訟

訟卦

小心爭訟

人有理性，可以思考、判斷、選擇及行動。這一切的目標可以用「趨利避害」一語來概括。大家都這麼想，難免產生各種爭端。易經在介紹人類需求的「需卦」之後，接著談到「訟卦」，因為有所需求就有所競爭，然後將出現難以避免的訴訟。

訴訟有三點值得注意。首先，要採取低姿態，保持柔軟身段，能不爭就不爭，不得不爭時也須適可而止。其次，如果有公正嚴明的法官，將是上上大吉，因為真理可以彰顯，正義也可以實現。第三，即使爭訟成功，也要切記不可得意，因為失敗者未必心服，由此可能衍生出複雜的恩怨情仇。

孔子曾以「無訟」為理想，希望社會上沒有訴訟案件。但是在歷史上未曾出現如此盛世。既然訴訟無法避免，我們當然期許執法人員大公無私，使天下沒有冤屈不得昭雪。能夠如此，已屬萬幸。

訟卦是「天水訟」（䷅），天在上而水在下，兩者沒有交集合。並且上卦剛強而下卦險惡，屬於非爭不可的格局。即使如此，〈大象傳〉還是說「君子以做事謀始」，亦即君子做事要在開始時就謀畫好。目標是小事化解，大事無爭。

傅老師說卦

「忍一時風平浪靜，退一步海闊天空。」與其花時間與力氣去與人爭訟，不如積極開拓自己的未來人生。與人交往，學習諸葛亮吧！「諸葛一生唯謹慎」。只要隨時注意言行，不要主動引起糾紛，訴訟的煩惱就自然消失了。

䷆ 師　卦
第7卦
地水師

師卦

師出有名

易經第七卦是師卦，卦象為「地水師」（䷆），地中有水，聚集起來，所以說：「師者，眾也」。並且，地代表順從，水代表危險，合之則為「行險而順」，有作戰之象。於是，師又成為軍隊，再衍生戰爭之意。

群眾聚會或者軍隊作戰，首重「師出有名」，就是要有正當的理由。其次，則是「師出以律」，亦即軍隊出動要按照軍紀，否則難免敗亡。本卦最大的特色是六爻中，只有九二是陽爻，其餘皆為陰爻。九二在下卦中間，如果守住正道，將可得到六五任命，結果則是吉祥。譬如，天子是六五，代表位高而無實力，他可以任命有實力的九二。九二在一陽五陰的格局中，成為全卦主爻，亦即軍隊有了指揮官，不但穩住軍心，而且勝券在握。

古代也有政治與軍事分立的情況，政治領袖只要任命賢者為帥，就不必親自上場指揮作戰了。但是對於戰爭成敗，仍須由這位領袖來負責。對於戰功卓著的將領，也須考察其品德是否合乎君子的水平。有些人能武不能文，讓他們享受俸祿是可以的，但是不能讓他們治理百姓。由此可見，師卦反映了古代征戰的情況。戰爭不能避免時，必須想到合理性與正當性，並且要考慮戰爭可能帶來的後果。

傅老師說卦

在談到社會運動時，西方有一句俗語，說「群眾的年齡只有十三歲」。一個人不敢獨自去做的事，五六個人聚在一起，就可能膽大妄為，甚至違法亂紀了。因此，對於「群眾」要保持警惕，不可在其中迷失自己的思緒。

䷇ 比卦
第8卦
水地比

比卦

舍逆取順

我們從易經乾卦談起，歷經了坤卦、屯卦、蒙卦、需卦、訟卦、師卦，現在到了第八卦，稱為比卦。這八個卦形成一段先民開國史。乾坤代表天地，屯蒙是萬物始生階段，需訟則是人間的複雜形勢，師卦代表群眾與軍隊，有了防衛能力，到了比卦，〈大象傳〉說：「地上有水，比。先王以建萬國，親諸侯。」

比卦的卦象是「水地比」（䷇），水在上而地在下；水滋潤地，地承載水，兩者相互依存，也相得益彰。比卦是一陽五陰的格局，只有九五為陽爻，而九五既中且正，是個賢明的天子，所以可以號召萬民，成立邦國。他的原則是「舍逆取順」，捨去叛離的，容納歸順的。

古代君王打獵時，採用三驅之禮，亦即採取左、右、後三面包抄，而不阻絕往前跑的禽獸。亦即君王不去對付正面迎向他（亦即衝著他）的禽獸。引申到現實社會，這表示尊重人的自由選擇。你若順著我的方向，大家可以親近依靠、互相幫忙，組成國家。反之，你若與我逆向而來，表示大家志趣與理想不同，甚至背道而馳，那麼又何必勉強呢？因此，比卦提醒政治領袖要「修其文德以來之」，要以文化修養與卓越德行來凝聚百姓的向心力。

傅老師說卦

我們不可能與每一個人交朋友，因此在因緣成熟時選擇朋友，確實應該考慮孔子所說的「益者三友」：友直、友諒、友多聞。更重要的是：在期待獲得益友時，也須提醒自己成為別人眼中的益友。

小畜卦
第9卦
風天小畜

小畜卦

美化文德

易經第九卦是「小畜卦」，卦象是「風天小畜」（䷈）。風在上而天在下。全卦只有六四是陰爻，其餘皆為陽爻。在這種情況下，六四自然成為主爻，可以統帥全局。六四是陰爻，陰爻稱為「小」而陽爻稱為「大」，所以這是以小畜大的處境，所以卦名為小畜。

不僅如此，從比卦的團結建國之後，到本卦逐漸有些積蓄，表示「小有積蓄」，要在安定中求進步。〈大象傳〉說：「君子以懿文德。」意思是：君子由此領悟，要美化自己的文采與道德。文采使一個人「文質彬彬」；道德使一個人行善避惡，造福社會。這種想法完全符合孔子的立場。

孔子在《論語・季氏》談到國家施政，如果遠方的百姓尚未心服時，「則修文德以來之」。不但不必使用武力去征伐，反而要加緊自己的修養，讓遠方的人心悅誠服。

談到「文德」，看似溫和，也不易立竿見影，就像「風行天上」，風在天上吹。但是，風吹久了，時機成熟時，可以帶來雲與雨，然後普降甘霖，潤澤大地，使天下百姓皆能受益。一個社會如果重視文采，推而至於一切文藝活動，則其風氣必能溫柔和諧。如果進而提升道德水平，則更可使百姓安居樂業。美化文德，絕不只是小畜而已。

傅老師說卦

喜歡文藝活動，可以調節情緒，培養審美品味。尼采說：「人生如果沒有音樂，那將是一種錯誤。」年輕時為了考試與升學，壓力特別沉重，這時需要健康的娛樂。「自得其樂」是一個人成功與否的重要指標。

履　卦
第10卦
天澤履

履卦

禮儀規範

一個社會的經濟條件確立之後，就須考慮「衣食足然後知榮辱」的問題了。關鍵在於教育，其中不可或缺的是禮儀規範。於是，易經在小畜卦描寫小有積蓄之後，接著談到履卦，所強調的正是禮儀。

履卦是「天澤履」（䷉），天在上而澤在下，各安其位，謹守分寸。履的原意是鞋子，引申為穿鞋走路，並且走在人生之路上，言行都能中規中矩，這就是合乎禮儀的規範了。

履卦是一陰五陽的格局，於是六三成為主爻。六三本身是陰爻居剛位，並且位於下卦，在實力與地位上皆不足以領袖群倫。由此顯示履卦的特色：要格外戒懼，不然可能會像是「履虎尾」（踩在老虎尾巴上）。還好，若是一切依禮而行，老虎不會咬人。由於禮儀，我們與任何人見面都不會慌亂，也不致遭遇凶險。

值得留意的是，履卦的九二、九四、上九皆有「吉」，這三者皆為陽爻居柔位。由此可見，在行禮如儀時，內心必須柔順，如此將有吉祥。古人常以「禮讓」並稱，就是要提醒人謙讓為上。不僅如此，到了上九還出現「元吉」這種最高的讚美，因為禮儀貴在有始有終，人若能一生守禮直到生命終結，怎麼可能不上上大吉呢？

傅老師說卦

在《說文解字》中說：「禮者，履也，所以事神致福也。」所謂禮儀，是指人生之路上的合宜表現，其目的是為了事奉神明與獲得福佑。這表示禮有宗教含意，我們也應該以敬畏之心來面對生命的莊嚴。

䷊ 泰卦
第11卦
地天泰

泰卦

通達之理

易經第十一卦是泰卦，卦象是「地天泰」（䷊）。地在上而天在下，怎麼會稱為泰或通達呢？原因是：天是乾卦，代表國君；地是坤卦，代表百姓；現在國君以謙卑態度來到百姓之下，探求民隱，了解民情，使得全國可以上下一心，這不是非常理想的狀況嗎？

泰卦九二的爻辭說得最好：「包荒，用憑河，不遐遺，朋亡，得尚於中行。」意思是：包容廣闊，採取徒步過河，不因遙遠而有所遺漏，失去朋黨，守中而行受到推崇。政治領袖有仁德，才可包容天下人；有勇氣，才敢徒步過河；有智慧，才不會疏忽遠方的小事；有公正無私的心，才不在乎失去朋黨。他守中而行，位居下卦中位，又有六五正應，所以受到大家推崇。

相對於此，六五則說「帝乙歸妹，以祉元吉」，意即：帝乙（商王）嫁來妹妹，以此得福最為吉祥。這段歷史故事是說：即使是王妹，下嫁諸侯之後，也須順從其夫。正如六五與九二正應而順從九二，使全卦上下呼應。並且，乾卦在下，充滿上進的力量，代表「君子道長」，君子的作風在成長。如果政治局勢有如泰卦，自然可以國泰民安了。天下沒有不變之事，如何持盈保泰，才是真正的挑戰。

傅老師說卦

孔子說：「智者不惑，仁者不憂，勇者不懼。」一個人要想通達，不能光靠運氣，而是必須修養「不惑、不憂、不懼」。好學使人逐漸不惑，努力行善使人忘記煩惱，知過則改又有什麼可以擔心害怕的？

䷋

否　卦
第12卦
天地否

否卦

居安思危

易經接著泰卦出現的，是否卦（天地否）（䷋）。天在上而地在下，兩者缺乏交流溝通，萬物也將失去生機。譬如，政治領袖高高在上，不去了解民情，底下的百姓又怎能安居樂業呢？

否卦九五說：「其亡其亡，繫於苞桑。」這是提醒政治領袖，「想到要滅亡了，要滅亡了，這樣才會繫在大桑樹上。」因為否卦是陰爻的力量往上推進，上面三個陽爻將會依序離開，危機十分明顯。在〈繫辭傳〉中，孔子特別引申說：「君子在安居時不忘記危險，在保存時不忘記滅亡，在太平時不忘記動亂，如此才能使自身平安，並且保住國家。」這是「居安思危」一語的由來。

否卦〈大象傳〉說：「君子以儉德辟難，不可榮以祿。」意思是：君子由此領悟，要收斂修德以避開災難，不可謀取祿位來顯耀自己。在天下無道時，謀取祿位就必須放棄原則，所以孔子會說：「邦無道，穀，恥也。」意思是：國家不上軌道而做官領俸祿，就是恥辱。

這個時候，最好收斂修德，「隱居以求其志」，退隱下來磨鍊自己的志節，等待黑夜之後的黎明再現。易經講究的是變化，判斷時勢而決定個人行止，需要智慧與定力。

傅老師說卦

沒有人一生順遂，因此在遇困受阻時，就該檢討自己的言行。人生有如走在崎嶇的山路上，前無去路時就往上攀登，雖然較為辛苦，但可以登高望遠，重新尋找自己的定位。年輕時最怕畫地自限，因此不該遇到挫折就放棄希望。

䷌
同人卦
第13卦
天火同人

同人卦

二人同心

「二人同心，其利斷金；同心之言，其臭如蘭。」這句名言出現在〈繫辭傳〉，是孔子對同人卦九五的引申之語。意思是：兩人心意一致，其鋒利可以切斷金屬；心意一致所說的話，其味道就像蘭花一樣。

同人卦是易經第十三卦，卦象為「天火同人」（䷌）。天下有火，大放光明；並且，火是離卦，而「離」字在古代與「羅」字相通。於是，同人卦變成天下有網羅，可以聚合眾人。換言之，古人以火開創文明的世界，由此聚合大家，這時最需要的是光明坦蕩，大公無私。

依卦象看來，同人卦是一陰五陽的格局，只有六二為陰爻，因而使六二成為主爻。六二既中且正，上有九五正應，但是另外四個陽爻也想依附主爻，所以形成爭奪的形勢。若要聚合眾人，難免會有摩擦或爭端，但是最後九五也將以既中且正的姿態，與六二形成深具默契的伙伴。

由此可知，只要自身秉持正義、走在中道上，一定會找到互相支持的朋友。如果整個社會皆能以此為理想，不就是安和樂利嗎？人生的快樂之一，正是找到「同心」的朋友，並且聽到「同心」的言論。要達成這種目標，首先就須摒除私心，以道義來互相期許。

傅老師說卦

「朋友是以裸露的性格互相面對。」因此，志同道合才可算是真正的朋友。大家有話直說，不必隱瞞，而目標都是要成為君子。蘇格拉底說：「壞人沒有朋友。」這是因為壞人的目標是邪惡的，而朋友是要齊心協力走上善途的。

䷍

大有卦
第14卦
火天大有

大有卦

遏惡揚善

易經第十四卦是大有卦，卦象是「火天大有」（䷍）。火在天上，足以使天下大放光明，照亮萬物；然後，人間的善惡也將無所遁形。〈大象傳〉說：「君子以遏惡揚善，順天休命。」意思是：君子由此領悟，要抑制邪惡、顯揚善德，順從上天所賦的美好使命。

關於「遏惡揚善」，沒有人會反對，問題在於要有光明才能照見及分辨善惡。至於「順天休命」，「休命」是美好的命令，那麼，如何順天休命呢？答案即是遏惡揚善。換言之，上天要人行善避惡；亦即，只要行善避惡，即是順從天命。這是儒家思想的重點。孔子曾說「六十而耳順」，其中「耳」字應該是衍文。理由之一是：早期儒家經典，如《孟子》、《大學》、《中庸》、《荀子》、《易傳》等，從未談到「耳順」一詞，但是卻多次出現「順天」、「順天命」之類的語詞。孔子「五十而知天命」之後，要「畏天命」，進而還要「順天命」。這樣理解才合乎邏輯。

大有卦上九說：「自天佑之，吉無不利。」能夠順從天命，又能誠信待人，終身致力於遏惡揚善，自然會獲得上天的助佑，吉祥而無所不利了。

傅老師說卦

外在的成就比不上心靈的富足。因此，當自己擁有一些資源，可以衣食無缺時，不可忘記心存感恩。感恩的最佳辦法是行善，亦即推己及人，讓別人因為我的善意也產生感恩之心。如此形成美好的漣漪，才真正是吉無不利。

䷎ 謙卦
第15卦
地山謙

謙卦

謙謙君子

易經六十四卦中，只有一卦的六爻是「非吉則利」的，那就是著名的謙卦。謙卦是第十五卦，卦象是「地山謙」（䷎）。地在上而山在下，象徵一個人擁有卓越的才幹（有如一座山），但是外表溫順有如平地，讓別人覺得親切可喜。這種修養誠屬難得。

〈彖傳〉特地從「天道、地道、鬼神、人道」四方面來肯定謙卑者。天的法則是減損滿盈者而增益謙卑者，地的法則是改變滿盈者而流注謙卑者，鬼神的法則是加害滿盈者而福佑謙卑者，人的法則是厭惡滿盈者而喜愛謙卑者。我們常說「謙虛納百福」，確實有其根據。

但是，一個人處在不同的位置，仍有不同的表現。譬如，初六在底部，要做個「謙謙君子」，以謙卑的態度管理自己。九三是全卦唯一的陽爻，就須勤奮工作，「勞苦而不誇耀，有功績而不自認為有德，真是忠厚到了極點。」到了六五的高位，不能只圖謙卑而沒有威嚴，亦即要恩威並重，做到「減損多的，增益少的，衡量事物而公平給與」，要使天下人存異求同，進而安和樂利。謙卑的人居於高位就展現光輝，處於低位則沒有人可以凌駕他或輕視他，這真是君子的表現啊！

傅老師說卦

謙虛是可取的人生態度，因為它讓人不斷上進。所謂「士別三日，刮目相看」，一定是描寫那些謙虛的人。即使外在已經有些成就，也不可忽略謙虛，因為它是一切德行的基礎。反之，一旦驕傲，就必定讓人覺得「面目可憎」了。

豫　卦
第16卦
雷地豫

豫卦

其介如石

一個人謙虛之後，得到眾人的肯定，自然愉悅無比。因此，緊接在謙卦之後的是豫卦。「豫」字原指愉悅，但是同時也提醒人要「預備」，因為人在快樂時很可能因為疏忽而陷入困境。

豫卦的卦象是「雷地豫」（䷏），雷從地下冒出來，使萬物振作奮發。雷又象徵聲音，有如在大地之上演奏音樂，一片歡樂景象。這時全卦唯一的陽爻在九四，於是五個陰爻之中只有六二與它拉不上關係，亦即當大家都在愉悅時，只有六二保持冷靜。

孔子在〈繫辭傳〉對六二加以稱讚。他說：「知道事情的幾微，可以算作神奇吧！君子與上位者交往不諂媚，與下位者交往不輕慢，可以算作知道幾微吧？幾微，是變動的微妙徵兆，是吉祥的預先顯示。君子見到幾微就起來努力，不用等一整天。……耿介有如堅石，怎麼會等待一整天？一定會有他獨到的見識。」結論則是：「君子察知幾微也察知彰明，懂得柔順也懂得剛強，所以成為百姓的盼望。」

「其介如石」是描述一個人耿介有如堅石，除了不被歡樂所迷惑之外，還須洞燭機先，為百姓帶來希望。

傅老師說卦

心情愉悅時要提高警覺，注意自己處境的發展趨勢，不然可能出現「樂極生悲」的意外狀況。我們說「失敗為成功之母」，但是別忘了「成功也可能是失敗之源」。人在愉悅時不易看到事情的預兆，因而疏於防範，導致新的危機。

䷐

隨　卦
第17卦
澤雷隨

隨卦

隨順時勢

朋友約我喝咖啡，我回答他：「隨時奉陪。」原來「隨時」一詞出於易經隨卦。人在愉悅時，有如在豫卦中，接著上場的就是隨卦，有隨順時勢的意思。

隨卦是第十七卦，卦象是「澤雷隨」（䷐）。澤為「悅」，在外；雷為「動」，在內；等於說自己的活動是依循外面的喜悅，沒有什麼特別的堅持。做什麼事都很開心，所以喝咖啡有何不可？

不僅如此，易經每一卦的〈象傳〉大都用心良苦，勸人努力修德行善，但是到了隨卦怎麼說呢？「澤中有雷，隨。君子以嚮晦入宴息。」意思是：大澤中有雷潛藏，這就是隨卦。君子由此領悟，要在傍晚回家安靜休息。「日出而作，日入而息」，這是最簡單的「隨時」的道理。如果不能做到這一點，又如何走在人生的漫漫長途上？

隨卦的「隨時」是要人審度時勢。萬一遭時不遇，則只能「盡人事，聽天命」。譬如，周文王被囚禁在羑里，長達七年之久，他就利用這段時間研究卦象，然後寫下卦辭與爻辭，形成易經的主要文本。因此，要隨順的是天意，不論處於任何情況，都不放棄志節，並且自得其樂，最後必可逢凶化吉，善有善報。

傅老師說卦

《莊子》書中有「不得已」一詞，意思是：當各種條件成熟時，你就順其自然。因此，人生中不可少的是：早些學會判斷做一件事的「條件」是否成熟。這是事半功倍的保證。因此，雖然說「隨時」很容易，要做得恰到好處卻不簡單。

蠱　卦
第18卦
山風蠱

蠱卦

消除積弊

在隨順時勢之後，很可能出現因循苟且的情況，久而久之成了積弊，這時就須大力整飭了。易經第十八卦是蠱卦，蠱的原意是亂，有亂就要治，所以蠱卦有治亂之意。

從卦象看來，這是「山風蠱」（䷑），山下有風吹拂。風遇山即回，將會拂亂一切，同時也將盪滌一切。君子這時要做的是「振民育德」，亦即振作百姓，培育道德。

從本卦六爻看來，其中有四個爻強調「要救治父親留下的積弊」。古代社會重視家族，前輩的言行未必完全正當，做為子女的就須補偏救弊，而不可一味歌功頌德。能做到這一點，才算是好的子女。更重要的是，談到「光宗耀祖」，絕不是只靠著子孫的社會成就，如名利權位，而是要「承以德也」，亦即「以道德來繼承父業」。如此才會受到大家的稱譽。

另外，有一爻「要救治母親留下的積弊」，這時不可過於剛強，以免傷害親情。古代社會中，母親負責家務，即使有什麼過失，也不致造成天下大亂，所以整飭時要適可而止。子女消除積弊之後，知道做人處事的艱難，到了上九的最後階段，就決心「以高尚來要求自己的作為」，只有如此才可保證社會不斷革新進步。

傅老師說卦

只要半年不整理房間，就會發現某些角落又髒又亂。我們的心靈也是一樣，如果不定期整飭，就會安於故習，減少了上進的動力。振作要靠自己，不要等別人來提醒。

臨卦
第19卦
地澤臨

臨 卦

大駕光臨

在除去積弊之後，自然會發展壯大。易經第十九卦是臨卦，「臨」字代表來臨，也意指壯大，因為它的卦象十分特別，是「地澤臨」（䷒），底下兩個陽爻，上面四個陰爻。六爻的變化規則，是由下往上推進，兩個陽爻連袂而來，表示剛強的力量在成長，這不是壯大嗎？

君子由此得到啟發，要「教思無窮，容保民無疆」，意思是：教導思慮而不懈怠，包容保護百姓而無止境。政治領袖一方面要教導也要思慮，由此釐訂國家的政策，他們自身的言行也須做為表率。同時，更要具體地包容及保護百姓。這裏的關鍵是「不懈怠」（無窮）與「無止境」（無疆）。

我們曾經談過謙卦，說它是「六爻非吉則利」。現在，臨卦則是「六爻非吉則無咎」，不是吉祥就是沒有災難。由此可見，當正義的要求由下往上進展時，政治領袖懷著「歡迎大駕光臨」的心情，結果必然是可喜的。

傅老師說卦

社會進步往往是年輕人的理想所促成的。「時代考驗青年，青年創造時代」，這句口號仍有可取之處。理想必須從現實出發，從底部著手，就像臨卦是帶著陽爻由下往上推展。易經在畫卦時，先下再上不是沒有道理的。

觀　卦
第20卦
風地觀

觀卦

大觀在上

易經第二十卦是觀卦。由於前面的臨卦是指來臨而壯大，既然壯大就頗有可觀之處。由卦象看來，觀卦是「風地觀」（䷓），底下四個陰爻相連，而兩個陽爻到了天的位置。這就像百姓往上觀望，看到政治領袖的言行表現，這不是「大觀在上」嗎？

觀卦的卦辭說：「盥而不薦，有孚顒若。」意即：祭祀開始時洗淨雙手，還未到進獻祭品的階段，心中誠信已經莊嚴地表現出來了。由此可見，政治領袖應該像是主持宗教典禮一般，態度真誠而莊重。百姓看到這種景象，自然會產生教化的成效。為政不在多言，以上行下效為上策。

孔子告訴仲弓說：「出門如見大賓，使民如承大祭。」擔任官員時，出門在外，就要好像接見重要賓客；命令百姓時則須像是在主持重大祭禮，要真誠而一絲不苟。沒有這樣的認知與修養，又怎能抵達國泰民安的境界呢？

從「風地觀」的卦象看來，風代表政令，地代表百姓；政令推廣到天下百姓，才可凝聚一國的共識。和風吹拂，大地溫暖，進而可以百花齊放。和風即是上位者的美德，只要政治領袖記得觀卦的卦辭，以這八個字為座右銘，奉行自己神聖的使命，百姓將會聞風景從，走上善途。

傅老師說卦

現代社會用放大鏡來檢視政治人物的言行，實在是因為他們居於高位，對百姓有示範作用，所以寧嚴勿寬。孟子說：「唯仁者宜在高位。不仁而在高位，是播其惡於眾也。」誠哉斯語！

䷔

噬嗑卦
第21卦
火雷噬嗑

噬嗑卦

小懲大戒

自古以來，人類社會普遍需要兩種美德，亦即仁愛與正義。仁愛是要讓大家有飯吃，可以活下去；正義是要正確判斷，以求賞善罰惡。善惡如果沒有報應，誰還願意心平氣和、盡忠職守呢？

易經第二十一卦是噬嗑卦，卦象是「火雷噬嗑」（䷔）。火代表光明，有光明才可照見善惡。火與雷配合時，有如閃電打雷，讓人無所遁形，並且聲勢嚇人。所謂「噬嗑」，是指咬斷而合，有如公正斷案將使民心相合。

本卦的初九說：「屨校滅趾，無咎」（戴上腳枷，遮住腳趾，沒有災難）。孔子在〈繫辭傳〉特地發揮其旨，說：「小人不知羞恥就不會行仁，無所畏懼就不會行義，不見到利益就不會振作，不受到威脅就不知懲戒。受到小的懲戒而避開大的過錯，這是小人的福氣啊。」

換言之，青少年階段血氣未定，一時衝動就會違法亂紀。這時如果受到小的懲戒，很容易產生羞恥及畏懼之心，然後也很自然會改過遷善，走上人生正途。如果錯過這個矯正機會，一路到了上九，就是「何校滅耳，凶」（肩扛著枷，遮住耳朵，有凶禍）。這時後悔也來不及了。父母與老師看到這一卦，一定可以獲得深刻的啟示。

傅老師說卦

人在犯錯時，固然希望得到原諒，但是如果沒有適當的懲罰，就會覺得自己只是「被包容」而不會「被尊重」。如果一直被包容，就會像長不大的孩子，既不能負責任，也無法獨立開創新的人生。

賁　卦
第22卦
山火賁

賁卦

以白為飾

噬嗑卦強調公正裁決將使民心相合。民心相合之後，就要加以文飾，亦即用禮樂教化來提升國民生活的素質。易經第二十二卦是賁卦，卦象是「山火賁」（☶☲）。山下有火，光亮有限，不足以使人判斷善惡，但是可以使山上眾物清楚彰顯，那不是一種美好的裝飾嗎？

談到裝飾，當然要以實質為主。若是朽木，試問要如何雕琢？若是糞土之牆，試問要如何塗上油彩？賁卦上九說：「白賁，無咎。」意即：用白色來文飾，沒有災難。這無異於宣稱：文飾的最高境界是使用白色。白色不是沒有特殊色彩嗎？白色又怎能產生文飾的效果呢？

《論語・八佾》記載孔子說了「繪事後素」（古代繪畫是以黃色的絹布為底，最後才上白色，而這個白色會使各種顏色充分彰顯出來），然後子夏回應了一句：「禮後乎？」（禮儀是像白色一樣，最後加在人的身上的嗎？）孔子聽到子夏的說法，不禁感嘆說：「啟予者商也！」能夠啟發我的就是子夏啊！

人性只要真誠就會展現向善的力量，然後在具體行善時需要禮儀、禮節、禮貌的配合。真誠最重要，禮樂是文飾，不必太多花樣。只要有真誠，白色就是最美的裝飾。

傅老師說卦

誠意是操之於己的，並且總能讓人感動。只要用心純正而善良，與人交往就有了穩固的基礎。由外表看來，人與人並無平等可言，年齡、家世、外貌、才華、機運、成就都不一樣。只有真誠之心，是人人平等的。

䷖ 剝卦
第23卦
山地剝

剝卦

君子固窮

孔子帶領學生周遊列國時，多次陷入困境而走投無路。這時他以「君子固窮，小人窮斯濫矣」一語，與學生們共勉。他的意思是：君子在窮困時堅持原則，小人一遇窮困就放棄操守了。

易經第二十三卦是剝卦，卦象是「山地剝」（䷖）。這個卦象看起來就很凶險，底下五個陰爻聯手往上衝，只剩一個陽爻孤單地掛在上頭，好像屋頂快要被掀掉了。以陽爻代表君子，那麼君子不是走到窮途末路，準備黯然退出舞台了嗎？

不錯，這個卦的六爻中，有三爻（初六、六二、六四）是「凶」，可見情勢十分危急。那麼，如何因應逆境呢？一方面，要安於自己的職位與本分，謹言慎行，如此可以避開災禍；另一方面，要堅定信心，相信百姓依然會擁戴正直的君子。

剝卦是五陰一陽的格局，並且這個陽爻即將被迫退出，然後形成六爻皆陰的坤卦。不過，物極必反，緊接在坤卦之後，會有「一陽復起」的復卦出現。易經在剝卦之後，立即談到復卦，正是「剝極則復」這句成語所顯示的。君子固窮，因為他相信在堅持原則的同時，還有「窮則變，變則通」的機會，所以不必懷憂喪志。

傅老師說卦

「人無千日好，花無百日紅」，誰不曾有過窮困不通的經驗呢？這時不但不須抱怨，反而要把握機會反省自己，增強自己的能力。所謂「逆境智商」，就是要測知抗壓性如何。抗壓性不夠，人生也將乏善可陳。

復　卦
第24卦
地雷復

復卦

天地之心

易經第二十四卦是復卦，卦象是「地雷復」（䷗）。陽爻從初九的位置開始生長，有如雷在地下，已經蓄勢待發，要使大地重現生機。

〈彖傳〉說：「復，其見天地之心乎！」意思是：從復卦，大概可以看出天地的用意吧！天地有什麼用意呢？有的，是希望萬物生生不息，在結束之後重新開始。那麼，我們人類可以由此獲得什麼啟發？

復卦初九說：「不遠復，無祇悔，元吉。」意即：走得不遠就返回，沒有到懊惱的程度，最為吉祥。孔子在〈繫辭傳〉就以這句話肯定顏淵的表現，他說：「顏回的修養大概差不多了吧？有錯誤很快就能察覺，察覺之後就不再犯了。」事實上，在《論語》中，孔子曾經稱讚顏淵是「不遷怒，不貳過」。在此，「不貳過」就是不再重犯同樣的過失。

顏淵可以做到的，我們也可以努力學習。關鍵在於自我反省。在言行有些偏差時，尚未到懊惱與後悔的程度，就要立即察覺，並且趕緊返回到原初的真誠心態。如果能在起心動念時，就認真省思不可為惡，那麼向善的力量將會源源不絕地展現出來。這應該也是天地的用意吧！

傅老師說卦

人是萬物之靈，他的心意除了與別人相通，還可以與天地萬物相通。當你看到一陽復起，大地春回，就會覺得自己也該面向未來，重新出發。任何一次的覺悟，都是生命轉變的契機。

無妄卦
第25卦
天雷無妄

無妄卦

無妄之災

無緣無故受到連累或遭遇災難，稱為「無妄之災」。希臘悲劇家愛斯奇勒士在曠野中，被老鷹爪中掉落的大烏龜所擊中，一命嗚呼。這是無妄之災嗎？非也，因為他找人算命，說會被重物壓死，他為了躲避房子倒塌才特地跑到郊外，結果成了有妄，但還是逃不過命運的魔掌。

易經第二十五卦是無妄卦，卦象是「天雷無妄」（䷘）。天下有雷在運行，隆隆之聲使人震撼，因而不可心存僥倖，必須坦誠面對一切。「無妄之災」一語出現在本卦六三，內容是說：「有人拴了一頭牛，過路人把牠牽走，村裏人遭殃。」牛是誰拴的？不知道；過路人是誰？不知道；但村裏的人因而受到了懷疑與責怪。

本卦九五說：「無妄之疾，勿藥有喜。」意指：無緣無故生了病，不吃藥也會痊癒。孔子生病時，魯國執政大夫季康子派人送來特效藥，孔子說：「我對這種藥的藥性不太了解，所以不敢服用。」生病的人要遵照醫生的囑咐服藥，而切忌相信來路不明的偏方。

無妄之災雖然委屈，但是自己問心無愧，同時也可以得到別人的同情。若是有意造作而陷入有妄之災，那只能說是咎由自取，不應該怨天尤人。

傅老師說卦

與人交往，心胸坦蕩；遇到是非，則謹守自己的分寸。這樣即使碰上一些困擾，也不妨一笑置之。時間是最好的醫生，也是最可信的證人，因為「日久見人心」。

䷙

大畜卦
第26卦
山天大畜

大畜卦

大有積蓄

易經第二十六卦是大畜卦，卦象是「山天大畜」（䷙）。一座山居然包容天在其中，這是什麼意思？〈大象傳〉說：「君子由此領悟，要廣泛學習並記得古人的言行，以培養自己的深厚道德。」

「山中有天」提醒我們：人有豐富的潛能，可以借助於古人（或古今中外之人）的經驗與智慧，以此增益自己的德行。這真是神奇無比的事。因此，人若放棄閱讀又不知修德，無異於錯過了這種大有積蓄的機會。

本卦也反映了古代生活實況。六四爻辭說：「小牛在角上綁了橫木，最為吉祥。」這種作法使牛角無法刺傷人，小牛乃由野而馴，成為有價值的家畜。六五爻辭說：「闇豬口中的牙，吉祥。」野豬的獠牙是傷人的利器，闇豬失去野性，牠的牙對人就沒有威脅了。牛可以助人耕田拉車，豬可以成為營養的食物。去其弊而得其利，收穫何只是加倍啊！

焦點轉到人類身上。同樣的一個人，可以行善也可能為惡。如果透過適當的教育，化解他偏差的欲望與自私的念頭，使他自動自發走上善途，那麼不但對社會是一件好事，對他自己又何嘗不是最為吉祥之事！

傅老師說卦

學無止境，因此需要明確而強烈的動機來讓人終身學習。想一想「大畜卦」，設法明白學習是為了充實自己，行善是為了成就自己。這麼做，首先得益的不是別人，而是自己。如此，又何樂而不為？

䷚ 頤卦 第27卦 山雷頤

頤卦

大快朵頤

易經第二十七卦是頤卦，卦象是「山雷頤」（䷚）。從卦象看來，這正是一張口，上下兩排牙齒，中間四爻是空的，等著吃東西。

〈大象傳〉特別從人的口來說，「君子由此領悟，言語要謹慎，飲食有節制。」這正是考慮到「病從口入，禍從口出」，只要能管好這張口，人生將免去許多煩惱。

本卦底下三爻都是「凶」，這是六十四卦裏面所僅見的。「頤」的意思與養育、飲食有關。凡是涉及飲食與利益的，都難免你爭我奪，你羨慕我嫉妒，結果則是：失敗者固然痛苦，成功者也不見得快樂。

到了上卦三爻，情況才得以改善。譬如六四爻辭出現「虎視眈眈，其欲逐逐」一語，意思是：像老虎般瞪視，欲望接連而來。這是因為六四到了上位，必須展現領袖的威嚴，一方面要讓百姓的各種欲望得到滿足的機會，另一方面也要密切注意資源分配是否公平合理。

談到養育，要由口腹之養，推及養身、養德、養人與養於人。養人是指如何養育子女及部屬；養於人是指要受何人以何種方式所培養。這些都是頤卦所要考慮的，我們不能只記得「大快朵頤」（飽餐美食）這句成語啊！

傅老師說卦

「是非只為多開口，煩惱皆因強出頭。」這句俗話頗有理趣。孔子期許學生「剛毅木訥」，「先行其言而後從之」，也無非是希望他們言語謹慎。莎士比亞說：「愚者總以為自己聰明，智者卻知道自己愚昧。」因此，不要自作聰明，到處發表意見。

䷛

大過卦
第28卦
澤風大過

大過卦

獨立不懼

易經第二十八卦是大過卦，卦象為「澤風大過」（䷛）。大是指陽爻，小是指陰爻；陽爻與陰爻是四比二，多了一倍，所以稱為「大者過也」。有大過卦，當然也有小過卦了。那是第六十二卦，卦象為「雷山小過」（䷽），變成陰爻多於陽爻了。

本卦橫著看，有如房屋的橫樑，兩端虛浮而中間厚實，顯然有崩塌之虞。所謂風，是就巽卦而言，巽卦又可以指樹木，所以本卦形成「澤滅木」的情況，這不是岌岌可危嗎？

〈大象傳〉說：「君子以獨立不懼，遯世無悶。」意思是：君子由此領悟，要堅定不移而無所畏懼，避世隱居而毫無苦悶。沼澤水勢上漲，淹過了樹木，但樹木依然挺立，要撐過艱困的考驗。周公受命輔佐成王時，內外情勢皆極為不利，但這正是磨鍊他的志節、激發他的智慧、證明他的才幹的機會。顏回家境貧窮，但是依然「不改其樂」，成為最受孔子肯定的弟子。他們二人都是大過卦的示範人物。

本卦初六爻辭說：「藉用白茅，無咎。」意即：用白色茅草墊在底下，沒有災難。古人擺設祭品時，先墊一層白茅，表示慎重與虔誠。能做到這一點，又怎麼會招來災難呢？有誠心，就會有信心。

傅老師說卦

過於剛強，反而容易折斷。颱風來襲時，許多大樹被吹倒了，但是柔軟的柳樹卻得以保全。因此，處世之道在於「外柔內剛」，內心自有主宰，不受外界環境所左右。更深一層，則是強調內心的悅樂之源，所以並無畏懼或苦悶的問題。

䷜

習坎卦
第29卦
雙　坎

習坎卦

履險如夷

易經第二十九卦是習坎卦，卦象為雙坎（䷜），上下皆是水，代表了重重險阻。換個角度來看，正如〈彖傳〉所說，這是象徵水流動而不滿盈，行動有險阻而不失信。何以不失信？因為九二與九五兩個中間位置都是陽爻，等於心裏踏實，可以取信於人。

孔子觀察河水，說：「逝者如斯夫，不捨晝夜！」時間一去不復返，必須好好珍惜。他稱讚流水之「盈科而後進」，填滿坑洞之後才繼續流向低處。老子欣賞水，因為它「善利萬物而不爭」，總是對萬物有所幫助，並且至為柔弱，隨順地形而流動。但是，老子也注意到「柔弱勝剛強」，大水匯聚時，可以摧毀城鎮。

險有三種：天險、地險與人險。季節氣候不能配合，稱為天險；山川丘陵形勢險峻，稱為地險；至於人險，則是說：君王要設置險阻來守衛自己的國家。

那麼，要如何處於險境而安然無恙？〈大象傳〉說：君子由此領悟，要不斷修養德行，熟習政教之事。德行在己，不可一日鬆懈；政教則為國家大事，必須熟習，使其順利運作。看到流水接連而來，君子知道其中隱藏的危機，也知道如何履險如夷。

傅老師說卦

「水能載舟，也能覆舟。」這句話把水說得很無情也很難以猜測。但是，人有理性，可以判斷目前水勢如何，也可以把舟修整得更堅固。《易經》談到水，大都是指危險而言，目的是希望我們不可心存僥倖。

䷝

離　卦
第30卦
雙　火

離卦

光明正大

易經第三十卦是離卦，卦象為雙火（䷝），上下都是火，代表光明重複升起。〈大象傳〉說：大人由此領悟，要代代展現光明來照耀四方百姓。

火的特性卻不只是如此。離卦象徵火，而火是不能獨立存在的，一定要有所依附。萬物無不如此，日月附麗在天上，百穀草木附麗在地上。人類在社會上則是互相依附的，但是這種依附必須以光明正大為原則。這就是離卦為明為麗之雙重用意。

離卦初九指出：腳步中規中矩，採取恭敬態度，沒有災難。六二則說：黃色的附麗，最為吉祥。黃色是土的顏色，土在五行中位居中間，正好符合六二居中的身分。

九三與九四處在上下二火之間，情況十分凶險。譬如，九三是：太陽西斜的附麗（九三位於下卦最上邊的位置，有如日已偏西），不能敲著瓦盆唱歌，就會發出垂老之人的哀嘆，有凶禍。一個人若是不知道功成身退，鼓盆而歌，樂天知命，就好像看見夕陽晚照還要上車趕路，最後可能迷失在荒郊野外，求救無門。

因此，離卦提醒我們要有自知之明，察覺自己所附麗的條件出現變化時，就要隨之進退，否則後果堪慮。

傅老師說卦

火代表光明，但是要讓火延續發光，就需要有木柴或蠟燭。木柴或蠟燭不斷消耗，成為火的光亮所付出的代價。我們的生命在成長中，也在消耗中，那麼我們是否發出了應有的光輝？

䷞

咸　卦
第31卦
澤山咸

咸卦

感情世界

按照傳統的分法，易經前三十卦稱為「上經」，從三十一卦到六十四卦稱為「下經」。上經由乾坤開始，代表天地；下經由咸卦開始，代表男女感應、結為夫妻，建構人間秩序。但事實上，上下二經都是觀察天道以安立人道；如果不是為了人類著想，聖人何必畫卦？

第三十一卦是咸卦，卦象為「澤山咸」（䷞）。就其兩個單卦來說，兌在上而艮在下，亦即少女在上而少男在下。年輕人純真多情，容易產生感應，男子屈居下位，是說他主動追求，這不是「窈窕淑女，君子好逑」嗎？

值得注意的是，在感應尚未水到渠成時，如果貿然採取行動，則後果不是困難就是災難。本卦各爻由下往上，特地以人的身體為比喻，從腳拇趾、小腿肚、大腿一路往上，必待感應到了心臟部位，情況才見好轉。人心可以思考，感情若無思考來引導及判斷，很可能製造誤會及煩惱。但是，感應到了頭部，也可能信口開河，說些無法驗證的諾言。

孔子認為，政治領袖以卓越德行來感應、感動及感化人心，天下將會「同歸而殊途，一致而百慮」，由不同途徑走向共同的歸宿，以千百種考慮達成同樣的目標。由此可知，感情世界貴在真誠，也少不了思考與德行。

傅老師說卦

產生好感並不難，適當相處就不容易了。在今天自由開放的社會中，只要心存善念，就可以交到朋友，但是接下來必須以禮相待，才是長久之道。

恆　卦
第32卦
雷風恆

恆卦

守恆不易

易經第三十二卦是恆卦，卦象為「雷風恆」（䷟）。雷是震卦，代表長男；風是巽卦，代表長女。兩者結為夫妻，男主外而女主內。

世事無常，誰不喜歡穩定的規律？《論語・子路》記載孔子所說的「不恆其德，或承之羞」，就是本卦九三的爻辭，意即：不能恆守德行的人，常常會受到羞辱。有恆為何困難？因為恆有「不易之恆」，也有「不已之恆」。譬如，春夏秋冬的運行規則是不變易的，但是這四季的遞嬗也是不停止的。若非如此，就算四季如春，又有什麼意義？

換言之，人要守常知變，亦即守經達權，既有原則又能因應變化的挑戰。〈繫辭下〉說：「恆雜而不厭。」意思是，恆卦要求我們在常與變的交錯中，不厭倦也不滿足。譬如，學生在校求學，每天要上五種不同的科目，如此交錯轉換，才不會使人厭倦；但是上課時的認真態度，則是一成不變的。想通這個道理，就明白恆卦的啟示了。

本卦六爻出現三次「凶」字，提醒我們守恆不易。孔子認為，「言必信，行必果」未必是好事，因為世事無常，我們也須隨時判斷言行是否合乎道義。缺少這樣的判斷而不知變通，並不符合本卦的期許。

傅老師說卦

以一天為單位，每天固定做某些事，這也是恆的表現。譬如，上班族每天閱讀半小時，持之以恆，一年下來可以念多少書？念書多少還在其次，每天學會一點點新的觀念，人生又怎麼會無聊呢？

䷠

遯卦
第33卦
天山遯

遯卦

明哲保身

易經第三十三卦是遯卦，卦象為「天山遯」（䷠）。底下二陰聯手向上推進，上面四個陽爻雖居多數，但是君子明白大勢所趨，所以要見機而退。

從卦象看來，遯卦是十二消息卦之一，代表農曆六月，夏季即將結束而秋季尚未開始，往後天氣日漸轉涼，君子要有心理準備。什麼準備呢？小人集結成形時，君子「要疏遠小人，不去憎惡他們，但要嚴肅以對」。

孔子說：「對於不肯走在人生正途上的人，如果厭惡得太過分，也會使他作亂生事。」（《論語・泰伯》）懂得這個道理之後，本卦上面四個陽爻皆為吉與利。譬如，九四是「好遯」（合宜的退避），閔子騫婉拒季氏的聘請，實是不願同流合污。九五是「嘉遯」（美好的退避），堯舜以帝王之位行禪讓之禮，贏得千古傳頌。上九是「肥遯」（肥為飛，這是指高飛而走的退避），孔子離開齊國與衛國時，說走就走，毫不留戀，真是瀟灑。

遯卦重視行動時的契機，一方面要「居安思危」，不可幻想天下永遠太平；另一方面要「功成身退」，自己完成了階段任務，就不必戀棧，應該轉而休養生息，努力念書及修德行善了。

傅老師說卦

「上台靠運氣，下台靠智慧。」這句流行的口語在說什麼？所謂智慧，就是判斷大勢所趨而選擇離開。天下無不散的筵席，此時不妨揮一揮衣袖，不帶走一片雲彩。

大壯卦
第34卦
雷天大壯

大壯卦

非禮弗履

易經第三十四卦是大壯卦，卦象為「雷天大壯」（䷡）。雷在天的上方，自然聲威壯大，震撼遍及天下每一角落，誰敢不戒慎恐懼？〈大象傳〉說：「君子以非禮弗履。」意即君子由此領悟，對不合禮儀的事都不要進行。

《論語・顏淵》記載顏淵問仁，談到具體作為，孔子說：「非禮勿視，非禮勿聽，非禮勿言，非禮勿動。」這四句話正是本卦所謂的「非禮弗履」。蘇格拉底主張，人在年輕時最好遵循城邦的法律與宗教，如此可保平安無事。若要表現個人的志節，那麼請先學會獨立思考的本事。

大壯卦也是消息卦之一，底下四個陽爻聯手往上走，但是再往上一步就成了夬卦（第四十三卦），然後陽爻盛極的情況也將隨之消退。因此，大壯卦的重點是「止」，要停止下來觀察：天地之大在於無不覆載，天地之正在於無所偏私。君子也須效法天地之既大且正。

本卦九三以上，爻辭都提到「羊」，這是因為大壯卦的卦象有如放大一倍的兌卦，而兌卦為羊。公羊性猛，喜歡衝撞藩籬，但是結果很可能卡住羊角而進退不得。人在富貴時，也可能干犯禮法，所以孔子認為「富而無驕」還不夠，應該進而做到「富而好禮」（《論語・學而》）。

傅老師說卦

「適可而止」是需要智慧與勇氣的。如果覺得自己眼前的一切都還不錯，那麼不妨停下腳步，欣賞四周的美景吧！千萬不要因為嚮往未來而忘了珍惜現在。

䷢

晉卦
第35卦
火地晉

晉卦

自昭明德

易經第三十五卦是晉卦，卦象為「火地晉」（䷢）。火是光明，出現在大地之上，有如陽光普照，萬物欣欣向榮，人們也應該奮發上進。「晉」有前進之意。

晉升是指升官而言，但是〈大象傳〉認為，君子所領悟的是「自昭明德」，要自己彰顯光明的德行。升官有止境，最多當上天子，但是修德成聖，就沒有界線了。孟子談到人格修養，在「聖」之上還有「神」，亦即「聖而不可知之之謂神」。「不可知之」一詞是指不可限量而言，因為人也可能高貴如神，無與倫比。

談到進展，必須按部就班，循序漸進。本卦六爻出現的占驗之詞特別多，正是因為在進展時很可能會爭先恐後。像「悔、吝、厲、無咎」皆出現不只一次，另外還有「摧如」（擁擠的樣子）、「愁如」（憂愁的樣子）、「失得勿恤」（不用顧慮損失與獲得）等情緒狀態的描述。六爻之中，只有六二是正位（陰爻居柔位），其餘五爻皆未得正位，所以只有六二蒙受大福，得到許多賞賜。

六五位居天子，以光明之德帶領眾人，最後也得到「前往吉祥，沒有不適宜的事」這樣的占驗。能夠自昭明德，才是上進的不二法門。

傅老師說卦

上進有兩種，一是外在的升職或加薪，一是內在的自我成長。我們要由「重外輕內」，轉移到「重內輕外」。因為只有內在的晉升是不可限量的。人的尊嚴怎能由外在的成就來界定呢？

䷣

明夷卦
第36卦
地火明夷

明夷卦

明夷待訪

明末學者黃宗羲沉思中國歷代興衰，痛陳帝制為最大的積弊，耗盡天下財力來奉養一家人。他的這本書就稱為《明夷待訪錄》。

易經第三十六卦是明夷卦，卦象為「地火明夷」（䷣），光明陷於大地之下，不是暗無天日嗎？「明夷」是指光明受到壓制及傷害，代表這種處境的人是周文王與箕子。周文王受到商紂的迫害，被拘禁在羑里七年之久；他正是外表柔順（如大地）而內心文明（如火光）。箕子則是商紂的叔父，處境更為艱難，必須隱晦自己的光明，「面臨內部的患難而能端正自己的志節」。

本卦有如敘事史詩，初九開始發現明夷現象，就有出走念頭，寧可放棄食物；

六二受到傷害，幸好還有救援的實力，就像文王被囚，但還不至於被殺；九三是指周武王發動革命，但不可過於急切；六四獲知昏君的惡毒心思，就會像微子（商紂的哥哥）一樣離開宮廷；六五則直接說是「像箕子那樣處於昏暗中，適宜正固」；上六則批判商紂，說他從眾人仰望的國君淪為天下罪惡的來源。

〈大象傳〉說，君子要「隱晦明智而使一切明白呈現」，黑暗使光明更為耀眼，也使人們更為期待光明。

傅老師說卦

在正義不得伸張時，天下一片昏暗，這時只有「韜光養晦」，等待形勢的轉變。等待是一種修養，但是更重要的，是在等待時充實自己的知識、能力與德行。

䷤

家人卦
第37卦
風火家人

家人卦

家人相處

易經第三十七卦是家人卦，卦象為「風火家人」（䷤）。家人以親情為主，充滿溫暖的能量；再由家庭推擴到社會與國家，像風一般傳揚光明的美德。

親情固然可貴，但是家規不可鬆散。本卦九三爻辭說：家中有訓斥之聲，會帶來懊惱及危險，但還是吉祥；若是婦女放肆嘻笑，最終會有困難。這是明確而正當的教訓。家庭教育影響人的一生，可不慎乎？

六二代表母親，要主持家庭中的飲食。這一點做到長期穩定，家人自然和樂融融。六四則是家庭富裕起來，非常吉祥，正是「家和萬事興」的寫照。九五代表父親，必須居中守正，使家人相親相愛，這是因為「能夠約束自己」。這是身教重於言教。

本卦除了初九以外，其他五爻皆出現「吉」字，這在六十四卦中也是僅見的。初九剛剛進入此卦，〈爻辭〉說：家中做好防範措施，懊惱消失。親情來自緣與命，家人若是過於任性或放縱，難免出現大大小小的懊惱與無奈。只要一開始就適度加以規範，往後將是吉祥接連而至。若是忽略這一步，可能一切都會變了調。

傅老師說卦

孟子認為，「父母俱存，兄弟無故」是比稱王天下更快樂的事。這不是狹隘的家庭中心主義，而是了解人性的開展有其自然的順序，也就是「老吾老以及人之老，幼吾幼以及人之幼」。

䷥

睽　卦
第38卦
火澤睽

睽卦

存異求同

在家人卦之後，接著上場的是睽卦，卦象為「火澤睽」（䷥）。火是離卦，代表中女；澤是兌卦，代表少女；這就像家中的女兒們長大了，將會嫁到不同的夫家。人生的聚散分合，原是事理之常；最讓人擔心的，是在睽別之後，互相誤會及猜疑。

「睽」有分隔之意，而分隔未必不好。〈彖傳〉說：「天與地分隔，但是化育的工作相同；男與女有別，但是愛慕的心意相通；萬物各有領域，但是進行的活動相似。」因此，君子所領悟的是「求同而存異」。

本卦六爻中，有四爻提及「無咎」，可見人與人在缺少溝通及共識時，能夠避開災難就算不錯了。最嚴重的是上九，睽別到了極點，「乖離而孤獨，見到豬背上都是泥，載了一車的鬼。先張開弓，後來放下弓。」先猜測別人像豬一般污穢，又猜疑別人一肚子鬼主意，張開弓準備放箭時，才發現原來是誤會一場，然後放下弓並握手言和。

長期睽別之後，再怎麼親密的家人或朋友，都會失去對情感的信心。但是，當你猜忌對方時，焉知對方不是也在猜忌你呢？因此，尊重差異，不要勉強求同，才是化解睽別乖離心態的上策。孔子說：「君子和而不同，小人同而不和。」

傅老師說卦

聚散分合是人生中最平常的事。因此，人與人相處，要學會「結緣、惜緣、隨緣」。得緣結友，自然十分愉快。相處時互相珍惜，才是真正的明智。至於隨緣，則是一切順其自然，如此又怎麼會有猜忌呢？

䷦ 蹇卦
第39卦
水山蹇

蹇卦

反身修德

易經第三十九卦是蹇卦，卦象是「水山蹇」（䷦）。山對古人而言，是難以跨越的阻礙；現在山上有水，而水又象徵坎陷，所以蹇卦所代表的困境就可想而知了。

不過，從卦象看來，有九五與六二互相配合，表示大局還算穩定。雖有艱難險阻，但仍有大人主持正義。那麼，君子要如何自處呢？一方面，「見險而能止」，需要判斷的智慧；另一方面，則須「反身修德」，像孟子所說的：「行有不得者，皆反求諸己，其身正而天下歸之。」（《孟子・公孫丑上》）

本卦六爻最明顯的特色是：有四爻的爻辭都提及「往來」，意思是：在前往有困難時，就選擇回來，因為前往的時機尚未成熟。另外，九五說「大蹇，朋來」，意即：在大的險難中，朋友來到。「有朋自遠方來，不亦樂乎？」即近似此意。唯一沒有提及往與來的，是六二，因為他的處境是「蹇蹇」，代表重重險難，必須任勞任怨。能夠這樣做，終究不會受到責怪。

因此，出乎意料之外的是，蹇卦沒有出現「悔、吝、咎、凶」這些讓人擔心的情況。由此可見，處於困境中，只要反身修德，依然可以逢凶化吉。

傅老師說卦

聽到「蹇」，就知道前途多艱，必須提高警覺。「路長人困蹇驢嘶」一語，確實描寫了人生的某些階段。知道困難，就可以因應，所以努力反省自己，修養德行吧！

䷧ 解卦
第40卦
雷水解

解卦

解除危機

易經第四十卦是解卦，卦象是「雷水解」（䷧）。既打雷又下雨，顯示天地之間的陰陽之氣不再凍結，困局化解了，萬物也重獲生機。〈大象傳〉說：君子由此領悟，要赦免過錯，寬待罪犯。

危機雖然解除，但仍須有戒惕之心。本卦六三說：背著東西坐在車上，招來了強盜，正固有困難。〈繫辭上〉記載孔子的評論：背負東西，是小人的工作；車子是君子代步的工具。小人卻坐在君子代步的工具上，強盜就會想要搶奪他。接著，孔子說出「慢藏誨盜，冶容誨淫」一語，意思是：不藏好珍貴之物，是教唆別人來搶奪；打扮得過於妖豔，是教唆別人來調戲。若是不知收斂謹慎，很可能自己招惹許多麻煩。

孔子在〈繫辭下〉又針對本卦上六說：君子身上帶著武器，到了時候就要行動，會有什麼不利呢？行動時運用自如，因此一出手就有收穫，這是在強調練好了武器再去行動。

由此看來，當危機解除時，我們一方面要心存警惕，避免「樂極生悲」的情況出現；另一方面，則須及早訓練自己成為有用的人才，以便在天下太平時大顯身手。危機即是轉機，要從注意這兩方面開始。

傅老師說卦

誤會宜解，首先要自己想得開。現在的人相處，強調「換位思考」，這正是西方心理學所說的「同理心」。我與別人來往時，心中常想「假如我是他」，然後就會對他多加體諒與包容了。

䷨ 損 卦
第41卦
山澤損

損 卦

損己利人

易經六十四卦中，只有兩卦的卦辭出現「元吉」的字眼。一是鼎卦（第五十卦），一是損卦。

損卦的卦象是「山澤損」（䷨）山下有澤，澤水可以滋潤山林，也可以映現山色。這是損下益上的格局，轉換為人的社會，則是損己利人。只要做到損己利人，當然到處受人歡迎，以致最為吉祥了。

那麼，如何修養才可以做到這一步呢？〈大象傳〉說：君子由此領悟，要「懲忿窒欲」（戒惕憤怒，杜絕嗜欲）。憤怒最易使人衝動，因而失去理性，做出各種將來會後悔的事。孔子教導學生「辨惑」時，特別指出：「一朝之忿，忘其身以及

其親，非惑與？」（《論語・顏淵》）

至於嗜欲，則是那些出於個人私心的欲念，因為這一類欲念將會讓人做出損人利己的事。君子要杜絕的是這種欲念，而不是其他正常的欲望。只要從「自我中心」提升為「非自我中心」，甚至願意貢獻個人心力來從事有利於社會大眾的公益事業，都是值得嘉許的行為。

「施比受有福」，因為能夠付出才證明自己真正擁有，並且，付出的是有形資源，而得到充實的卻是自己的心靈。

傅老師說卦

我們在社會上平常看到的，多半是「損人利己」的表現，也因而受到大家的責怪。現在若是換個方式，練習「損己利人」，一定會受到大家的歡迎。事實上，損己利人時，自己在修養上也會大幅成長，這不是兩蒙其利嗎？

䷩ 益　卦
第42卦
風雷益

益卦

損上益下

在損卦之後，接著出現的是益卦，卦象為「風雷益」（䷩）。颳風時，雷鳴增其威力；打雷時，強風益其聲勢，這兩者不是相得益彰嗎？

〈彖傳〉說：「損上益下，民說無疆。」意即：減損上方而增益下方，百姓的喜悅沒有止境。政治領袖做到這一步，又怎麼不受百姓愛戴呢？所以，本卦六爻中，出現兩次「元吉」。一是初九，百姓由於君王以身作則，可以同心協力推動國家的重大建設。二是九五，由於君王有施惠之心，百姓也感念他的恩德，這時不必占問也是最為吉祥。六爻有二爻元吉者，僅此一卦。

不過，再好的卦象也有走到盡頭的時候。到了上九，可能無法堅持損上益下的作風了。〈繫辭下〉記載孔子說：君子要安頓好自己才行動，心情平靜了才說話，建立了交情才求人。君子修養這三方面，所以能夠萬無一失。換言之，君子由益卦學到的，是〈大象傳〉所說的「見善則遷，有過則改。」

既能「看到善行就跟著去做」，又能「自己有錯就立即改正」，如此一益一損，其實是兩皆有益。只要自己修養好了，自然無往不利。君子如此，政治領袖更是如此。

傅老師說卦

孔子曾說：「德之不修，學之不講，聞義不能徙，不善不能改，是吾憂也。」正因為他有這四方面的憂慮，所以他的生命與時俱進，每隔十年就登上新的境界。我們不妨學學看。

䷪

夬　卦
第43卦
澤天夬

夬卦

溫和決斷

易經第四十三卦是夬卦，卦象為「澤天夬」（䷪）。從卦象可知，這是消息卦之一，因為底下五個陽爻聯手前進，只剩上六一個陰爻，顯然大勢已明。不過，陰爻占住上六的高位，並且由於一陰五陽的格局而成為本卦主爻，所以情況變得複雜了。簡單說來，即使一群君子聯手，要想除去居高位的小人，也不可大張旗鼓，或者不計後果。譬如，漢朝末年，朝廷藉袁紹之手來除去宦官，結果宦臣是除去了，但是漢朝也隨之瓦解崩潰了。

即使從事正確的行動，也須採取溫和的手段，這是本卦的啟示。由卦象「澤上於天」看來，沼澤到了天上，接著必然潰決，所以君子由此領悟，要分配利祿給下屬，並以自居有德為忌諱。總之，就是不能維持自己高高在上的姿態。沼澤原本在下，現在到了上位，所以不但要居安思危，更應該心存感激，這時又怎能獨占利益或自居有德呢？

本卦各爻皆不平靜，交錯出現「咎、恤、凶、悔」之類的占驗，好像面臨改朝換代之時的緊張與不安。審度時勢以決定行止，像九三要「果敢決斷而獨自前行」，九四要「牽羊而進」（順勢而行），九五則要「居中而行」。到了上六就必須接受命運安排，離開高位而讓賢了。

傅老師說卦

「道不同，不相為謀。」對於理想不同的人，實在不必浪費時間去溝通，大家能做到互相尊重就不錯了。因此，在排斥別人時，要記得：態度可以堅定，手段則務必溫和。

姤　卦
第44卦
天風姤

姤卦

不期而遇

易經第四十四卦是姤卦，卦象為「天風姤」（䷫）。天代表天子，風代表政令，所以〈大象傳〉說，君王由此領悟：要發布命令，詔告四方。

「姤」字，有逅之意，成為邂逅，就是指不期而遇了。在此，特別是就男女相遇而言。從卦象看來，一陰在下，五陽在上，這是個消息卦，代表農曆五月。五月正是夏季，但是在盛夏時，一陰已從底部上來了，接著它會帶領其他的陰爻往上推進。這樣的女子既強壯又有鬥志，無視於上面五陽的壓力。

本卦有三爻出現「包」字。九二「包有魚」（包裹中有魚），因為它下有初六這個主爻來奉承，等於近水樓台先得月。九四「包無魚」（包裹中無魚）因為它的正應初六被九二捷足先登，有如橫刀奪愛。在姤卦中，講求相遇，誰先遇上就是有緣。九四只好徒呼奈何了。到了九五，「以杞包瓜」（用杞樹葉子包起瓜果），因為它代表君主，必須採取低姿勢，願意接納初六，並且允許它順著時勢往上發展。

「包」也有包容、寬待之意，社會上的領袖人物對於後生晚輩要多加鼓勵。孔子說：「後生可畏，焉知來者之不如今也？」（《論語・子罕》）我們也希望一代比一代傑出。

傅老師說卦

相遇皆為有緣，所以值得珍惜。良師益友尤其是我們求之不得的。孟子認為：老師與朋友都須以善來互相期許，因為他們切磋琢磨的正是人生的正常途徑。但願一切邂逅都有助於我們成就更美好的人生。

䷬

萃　卦
第45卦
澤地萃

萃　卦

人群聚集

易經第四十五卦是萃卦，卦象為「澤地萃」（䷬）。沼澤位居地上，這象徵人群聚集；但是沼澤高出地面時，也可能泛濫成災。所以〈大象傳〉說：君子由此領悟，要修治兵器，警戒意外狀況。

易經六十四卦的卦辭中，只有兩卦提及「王格有廟」，亦即君王來到宗廟。一是萃卦，一是渙卦（第五十九卦），而這兩卦所談的正是人群的聚集與分散。由此可知，凡是面臨群眾的大型活動，都不能忘記：要以宗教信仰（如古人的祖先崇拜）來穩定民心。

本卦六爻皆有「無咎」，這當然是易經中僅見的。雖然都是無咎，但情況各不相同。初六剛剛聚集進來，信心有些不足，又哭又笑，患得患失。六二居中守正，要誠心舉行祭獻之禮。六三雖然嘆息，但是往上可以找到依靠。九四就是「大吉，無咎」了，因為底下三個陰爻支持它，才使它無災無難。九五聚眾而擁有君位，這時必須開誠布公，以取得百姓的信賴。到了上六，眼見大家聚合而自己落單，並且即將退位，不免觸景生情，但是大勢所趨依然無咎。

因此，我們在獲得群眾支持時，必須以虔誠之心面對，並且要穩紮穩打，不求有功但求無過，等待新的契機。

傅老師說卦

許多人聚集在一起上課，那是多麼美好的畫面。因此，聚會的目的很重要，並且聚集時要有高尚的心思，所以萃卦會提及有關「宗廟」的活動。宗教使人收斂心神，以致眾人一心而眾志成城。

升 卦
第46卦
地風升

升卦

周朝建國

易經的卦辭與爻辭，據說是周文王被拘囚在羑里時所寫，後來可能經由周公潤飾而成。既然如此，其中應該會談到周朝建國的歷程。對此，升卦提供了重要的參考。

升卦是第四十六卦，卦象為「地風升」（䷭）。風是指巽卦，而巽卦也象徵樹木。現在，樹木由地下往上生長，眼見將可一帆風順。〈大象傳〉指出：君子由此領悟，要順勢修養德行，從微小累積成為高大。

本卦接著萃卦而來，代表人群聚集的後續發展。九二有誠信，適宜舉行祭典；這依然是要訴諸信仰來凝聚民心，以昭大信。九三可以升進到荒廢的村落，表示一往直前，如入無人之境。六四特別提到「君王在岐山祭獻」一語，因為在歷史上，周朝祖先曾經遷居岐山，許多民眾追隨而至，形成大部落，最後演變為周朝。

一卦之中，兩度出現有關「祭獻」的語詞，可見建立國家不能單靠武力。古人認為，「國之大事，在祀與戎」，亦即對國家而言，最重要的是祭祀（宗教活動）與軍備（國防武力）。以現代觀念來說，祭祀泛指文化與教育，因為那是凝聚全民共識的途徑。如果全民缺少共同的信念與價值觀，即使組成國家也會擾攘不安。

傅老師說卦

「升」字是每一個人都熟悉的。在學校念書期間，每年都升一級。但是進入社會之後，要升職就不容易了。那麼，學習孔子吧。孔子說：「吾十有五而志於學，三十而立，四十而不惑，五十而知天命，六十而（耳）順，七十而從心所欲不踰矩。」每十年就在修養上「升」了一級。

困　卦
第47卦
澤水困

困卦

君子固窮

易經第四十七卦是困卦，卦象為「澤水困」（䷮）。澤在上而水在下，表示澤中無水，陷於乾涸狀態，這不是窮困之至嗎？

〈大象傳〉說，君子由此領悟，要「致命遂志」，犧牲生命來完成志願。由此可知，〈易傳〉屬於儒家的立場，一如孔子所說的「殺身成仁」，孟子所說的「舍生取義」，以及荀子所說的「君子畏患而不避義死」。

值得注意的是，本卦九二與九五都提及「祭祀」，表示人在困窮時，必須虔誠舉行宗教活動，相信上天所安排的考驗必有其用意，人在安心承受之後也將會有所收穫。古人這種想法，演變為「窮則呼天，痛則呼父母」的諺語，但是同時並不忽略個人自己應負的責任。

雖然都是動彈不得的困境，情況各有不同。初六困處於枯木及幽谷中；九二困處於酒食中；六三困處於石塊與蒺藜中；九四困處於金車中；九五困處於紅色官服中；上六困處於藤蔓中與高危之地。三個陰爻皆苦不堪言，三個陽爻表面順逐，但是有志難伸，依然是受困啊！

孔子說：「君子固窮。」君子在窮困中，依然堅持原則與理想。沒有窮困，又如何檢驗誰是真正的君子？

傅老師說卦

「吃苦就是吃補」，這句話對年輕人而言，特別具有啟發性。回想一下，哪一個人不是以堅定的意志撐過困境的考驗，然後才有後來的成就？因此，以微笑面對生命中的難關吧！

井　卦
第48卦
水風井

井卦

井田制度

古代農業社會曾經採用井田制度，方法是將一平方里的土地畫分為「井」字的九份。由八家各分一份，再共耕中間的公田。公田的收成交給政府，就等於是納稅了。每井八戶人家，四井三十二戶為一邑。

「改邑不改井」，是說：可以遷移村落，但不能移動水井。這句話出現於井卦卦辭。井卦是易經第四十八卦，卦象為「水風井」（）。風是指巽卦，而巽又指木，於是形成「木上有水」，正如用木桶裝水，再從井中汲取上來使用。君子由此領悟，要慰勞百姓，鼓勵大家互相幫助。

本卦描述井的整修過程，首先要清除舊井底下的淤泥，並且堵住破漏之處。井水漸漸累積，到了上卦九四說：井的內壁砌好了，沒有災難。九五說：井中有甘潔清涼的泉水，可以食用。最重要的是上六：井口收攏而不要加蓋，有誠信而最為吉祥（元吉）。

易經六十四卦中，到了最後一爻而有「元吉」的，只有履卦（第十卦）與井卦。修井完成，可以利益眾生；井口不加蓋，表示沒有私心。在井田制度的社會中，大家共用水井，亦即共存共榮，有如孟子所說的「出入相友，守望相助」（《孟子・滕文公上》）。今日社會結構不同，但人們仍有類似的願望。

傅老師說卦

「無私」二字是各大宗教談論修養的目標。達成「無私」的方法，是從「己所不欲，勿施於人」著手，再以平等之心與人互動，然後化解自我中心的執著，把別人當成自己的同胞手足。

䷰

革卦
第49卦
澤火革

革卦

自我革新

易經第四十九卦是革卦，卦象為「澤火革」（䷰）。澤中有水，而水要滅火；火性由下往上燒，對澤形成威脅；水火不相容，難以並存，由此顯示變革的急迫性。

在講究變化的易經中，變革是常態現象，但是要考量時機與形勢。〈彖傳〉提及：商湯與周武王的革命，是順從天道而應合人心的。君子由此領悟，在指導百姓生活時，要制定曆法、明辨時序，隨著時勢而採取合宜的行動。

革卦九四談到「改命」，是就除舊布新而言，其範圍甚至包括改變天命，亦即改朝換代。對領袖人物而言，九五說得很好：「大人虎變，未占有孚。」意即：大人改變而形貌如虎，尚未占問就有了誠信。虎皮燦爛耀眼，是描寫大人的德行讓人讚嘆備至。

上六則說：君子改變而形貌如豹，小人變換他的面貌。豹皮美妙可觀，顯示君子的卓越成就。至於一般百姓，也應該在言行方面取法乎上，順服並且追隨這些領袖。

由此可知，變革有兩種：一是變換外表，一是心中覺悟。只注意外表，亦步亦趨效法別人的，是平凡的百姓；能由內心覺悟而主動進德修業的，則是君子。每一個人都可以成為君子，並且也都應該成為君子。

傅老師說卦

修養之道在於自我革新。孔子說：「見賢思齊焉，見不賢而內自省也。」見到別人的優點，要想向他看齊；見到別人的缺點，就要提醒自己有沒有類似的毛病。革新是永無止境的。

䷱

鼎　卦
第50卦
火風鼎

鼎卦

國之重鼎

易經第五十卦是鼎卦，卦象為「火風鼎」（䷱）。風是指巽卦，而巽卦也象徵木，所以這是「木上有火」，可以烹煮食物。本卦卦辭就有「元吉」的占驗之詞。

鼎在古代是用來烹煮食物的大鍋，由於「民以食為天」，鼎就顯得特別重要。相傳大禹曾鑄「九鼎」，成為國家寶器。〈大象傳〉說，君子由此領悟：要端正職位，完成使命。這正是出於類似的考量。

鼎卦的卦象與字形有些相似，底下陰爻有如鼎足之處，上面的六五則是鼎耳，可以讓人穿過橫槓而扛起移動。中間三個陽爻則是鼎腹，可用來烹煮。食物一經烹煮，立即轉化為營養可口的美味，所以鼎有「取新」之意。聖人烹煮食物，是要祭獻上帝，進而大量烹煮食物來養育賢人，讓他們可以專心為民謀福。

鼎卦的下卦三爻處在準備階段，到了九四則出現「凶」，〈繫辭下〉引孔子說：道德淺薄而地位崇高，智慧不足而謀畫大事，力量微弱而擔當重任，這樣很少有不拖累到自己的。這是因為九四依然尚未準備好。到了六五與上九，才算大功告成，成為「大吉，無不利」。由此可見，再怎麼理想的卦，也須配合相關位置才可斷其吉凶。

傅老師說卦

每個人的一生，不論從事任何行業，總希望留下一件他自己的代表作，稱為「扛鼎之作」。它未必是豐功偉業，也未必可以流傳千古，但是卻可以讓自己心安理得，不虛此生。

震　卦
第51卦
雷

震卦

處變不驚

易經第五十一卦是震卦，震為雷（䷲），雷聲接二連三，產生無比威力，讓人驚駭莫名。卦辭如此描寫：震動起來驚慌不安，談話笑聲穩定合宜；震動驚傳百里之遠，祭器祭酒卻不失手。

這兩句話各自的前半段是人的自然反應，而後半段則是準備接位的長子的修養功力。震為長男，在古代封建社會是要繼承家業的；震也是諸侯，要代替天子安邦定國；因此，震卦有檢驗之意，通過檢驗才有資格繼位。

對君子而言，〈大象傳〉說：要有所恐懼，修正省察自己。《詩經》提醒人們：「胡不相畏？不畏于天？」難道什麼都不怕？連天都不怕嗎？

本卦用語生動，有「震虩虩」、「震蘇蘇」、「震索索」，分別描寫震動時驚慌不安、微微發抖與渾身顫抖，越到高處也越危險。知道危險，就會謹慎小心，像孔子勸告子路要「臨事而懼，好謀而成」。本卦〈彖傳〉也強調：這種震動是要驚醒遠方的人並且戒懼近處的人；並且，恐懼可以招致福佑。

做到處變不驚，才可以領導國家；一般人要想長保平安的生活，也不能缺少類似的憂患意識。

傅老師說卦

「剎那生滅」一語，描寫變化無已的人生。能夠體會這四個字，就會存著敬畏與謙卑之感。隨時注意細微的變動，一旦遇到重大的事件就不會手足無措了。

艮　卦
第52卦
山

艮卦

自我約束

易經第五十二卦是艮卦，艮為山（䷳）。古人見山就停下來，因為缺少翻山越嶺的工具。現在，兩座山重疊在一起，形成連綿山脈，當然必須停下腳步。

停下腳步做什麼？〈大象傳〉說：君子由此領悟，思考問題不超出自己的職位範圍。孔子曾說過：「不在其位，不謀其政。」人應該各盡其職，做好自己份內的工作，否則難免出現爭功諉過的情況，對大家都不好。

〈彖傳〉雖然強調艮卦的「停止」之意，但依然要考量時機：該停止時就停止，該行動時就行動，動與靜都沒有錯過時機，他的道路就會坦蕩光明。艮卦所謂的止，是要止得其所。一般人的毛病在於：能放而不能收。

希臘戴爾菲神殿上刻了兩句話，其中廣為人知的是「認識你自己」；另一句則是「凡事皆勿過度」。能夠自我約束，以致凡事皆不過分，那麼人生還會遭遇什麼困難呢？本卦上九說：「篤實地止住，吉祥。」兩座山並現，可謂厚重無比。艮卦以吉祥收場，是深具啟發性的。

孔子說：「以約失之者，鮮矣。」（《論語・里仁》）人生修養的第一課，就是要學會約束自己。能夠約束自己，而在言行上有什麼過失，那是很少見的啊！

傅老師說卦

現代人強調行動，但是停止與行動未必衝突。老子說：「勇於敢則殺，勇於不敢則活。」「不敢」不是停止嗎？它所需要的「勇」不是更大嗎？一切要依時機而作判斷。

䷴

漸　卦
第53卦
風山漸

漸卦

循序漸進

易經第五十三卦是漸卦，卦象為「風山漸」（䷴）。風為巽卦，亦為木；木在山上可以逐漸長成大樹，一旦長成則更顯得高大壯觀。

許多風俗都是逐漸形成的。西諺有云：「習慣是第二天性。」日積月累所塑造的言行模式，可以讓人一眼認出。如果養成了壞習慣，要改變就大費周章了。〈大象傳〉說，君子由此領悟：要使所居之地充滿美好德行與善良風俗。

本卦六爻皆以「鴻」（大雁）為喻，描寫牠漸進到水岸邊、到磐石上、到台地上、到樹木上、到山陵上，最後再回到台地上。不過，這個最後階段十分奇妙，描述大雁的羽毛可以用在禮儀中。在古人的觀察中，鴻雁依季節遷徙而從不失信，在飛行時井然有序，並且對配偶堅貞不渝。所以，在婚禮中，就要用到雁了。

依《周禮》所載，古代婚禮有六個步驟，就是：納采（男方送一隻雁給女方），問名（八字合婚），納吉（占卜得吉），納徵（訂婚），請期（定喜日），以及親迎（結婚）。男女感情的發生，一直到完婚，是最需要循序漸進的。社會上各方面的進展也是如此，配合漸進的趨勢，行動就不會陷入困境。

傅老師說卦

「事緩則圓」。許多事在發生時十分緊急，好像立刻就要有個結果。隔一段時間再看，不免覺得過於緊張。天下事都要看相關條件是否成熟。「漸」字訣提醒我們早作準備。

䷵

歸妹卦
第54卦
雷澤歸妹

歸妹卦

古代婚姻

易經第五十四卦是歸妹卦，卦象為「雷澤歸妹」（䷵）。雷為震卦，代表長男；澤為兌卦，代表少女；少女配長男，就是歸妹，亦即正式的婚配。

不僅如此，震卦也象徵諸侯，諸侯娶女有「一娶九女」之說，因為除了正室之外，正室的妹妹與姪女一起陪嫁過去。這麼做是為了維持兩國之間長期的友好關係。

女子出嫁，為何稱為「歸」？因為女子以夫家為真正的家。而其目的則是要藉由夫妻一倫，使人類的生命可以代代相傳，有如終而復始。〈大象傳〉指出，君子由此領悟：要長久直到結束，知道弊端而防範。

本卦六五提到「帝乙歸妹」，很可能是描述商王把妹妹嫁給季歷的一段史實。季歷之子就是周文王。即使是王妹（公主），嫁給諸侯之後也要依循禮儀服從夫君，而不必計較自己的服飾是否華美。

古人重視婚姻，本卦卦辭特別提醒人，「前進有凶禍，沒有什麼適宜的事」；意思是：光是辦好這件事就很不容易，所以不必再想其他的計畫。結婚之後，希望早日生育子女，傳宗接代。《中庸》上說：「君子之道，造端乎夫婦，及其至也，察乎天地。」古人重視夫婦之倫，由此可以想見。

傅老師說卦

古代以男性為中心，強調「男有分，女有歸。」現在則男女平等平權，結婚之後可以自行安排生活方式。夫妻關係如果沒有好好經營，做任何事都會有後顧之憂。古人對這一點的觀察，仍有參考價值。

豐卦
第55卦
雷火豐

豐卦

豐盛之餘

易經第五十五卦是豐卦，卦象為「雷火豐」（䷶）。雷代表行動，火代表光明；光明與行動配合，天下必然大治，結果則是：民富國強而豐盛可觀。

換個角度來看，火也代表閃電的光亮，這時就成了打雷閃電一起來到。君子由此領悟：要判決訴訟，執行刑罰。人類社會無法避免爭訟，為了合理判決，一定需要光明；而公正處罰的目的，是為了像雷鳴一般讓人震撼。一個缺少正義的社會，是不可能促成經濟繁榮、物阜民豐的。

不過，物質上的豐盛，往往會遮蔽人的視線，以致看不清人生真正的價值。本卦六二、九三、九四，都出現「日中見斗」（中午見到了星斗）或「日中見沫」

（中午見到了小星星），可見物質欲望遮住了光明。《莊子・人間世》有「虛室生白」之說，意即：空虛的房間才會顯得光亮。我們的心正是如此，能虛才能靈，也才能產生覺悟的智慧。反之，如果一味追求物質上的豐盛，就像只知追求世間的名利權位，最後很可能得不償失。

本卦上六在結束時，提供了兩種選擇：一是「天際翔也」（到天空飛翔），一是「自藏也」（自己隱藏起來）。抵達豐盛之後，若不能超然物外，就須善自隱晦，否則後果堪慮。

傅老師說卦

在物質豐盛時，要認真經營自己的心靈生活，否則物欲將會遮蔽自己的眼光。孔子比較富貴與貧賤時，顯然認為貧賤「更適合」修練之需。因此，即使擁有財富，也不可忽略心靈的需求。

䷷

旅　卦
第56卦
火山旅

旅　卦

人生如旅

易經第五十六卦是旅卦，卦象為「火山旅」（䷷）。火代表光明，山代表停止；人在旅行時，要看情況停下來，並且依附光明，如此才可獲得吉祥。西方有「人生如旅」的說法，莊子也認為天地是萬物寄託之處，人生則有如「白駒之過隙」，來去匆匆。

本卦六爻如何描寫旅途的狀況呢？初六說：旅行時猥猥瑣瑣。這是因為在家千日好，出門一時難。六二說：旅行到了館舍住下，有旅費也有僮僕。這是因為六二居中守正，到了外地也受人歡迎。九三說：旅行時大火燒了館舍，也失去了僮僕。這是因為他表現過於強勢，以為自己真的可以像在自己家裏一樣，任意發號施令。

九四繼續旅行，雖有旅費與用具，但是心意並不暢快。這是因為自己是外來者，必須付出更多代價才可成功。六五身段柔軟，又居中位，終於獲得名聲與祿位。最後結局呢？上九說：鳥的巢被火燒掉，旅行的人先是大笑後來大哭，在邊界丟失了牛，有凶禍。這不是在描述人生的最後一關嗎？

〈大象傳〉所取的觀察角度不同，它指出，君子由此領悟：要明智而謹慎地施用刑罰，並且不滯留訟訴案件。旅行結束時，應該有善惡的適當報應。

傅老師說卦

我們今日所擁有的一切，都是暫時借用的。這是旅途之人的基本觀念。因此，不必太過於執著有形可見的成就。方法是：把名利權位當成附帶的結果，而不是主要的目的。

䷸

巽　卦
第57卦
風

巽卦

反覆告誡

易經第五十七卦是巽卦，巽為風（䷸），這是八個基本卦之一。風也象徵命令，兩個風相疊，有如反覆告誡。〈大象傳〉說，君子由此領悟：要反覆宣布命令，推行政事。由此可見，古人已經知道宣傳的重要。

不過，風本身有如空氣，顯得飄浮不定，就像日常資訊難以捉摸。所以，初六一開始就要求正固。九二特別提及「讓祝史與巫覡紛紛發言」，這是因為史巫是古代負責宗教活動（如祭神、消災、祈福）的神職人員，他們可以測知天命，提出適當的勸誡。

九三處於上下二巽之間，變成頻繁地重複命令，難免陷入困境。六四在隨順時，態度柔和，「打獵獲得三種動物」。這是因為他奉命唯謹，知所進退，收獲自然豐富了。九五居中守正，是負責發號施令的。有些命令在發布之後，必須因應情勢而稍作調整，但是最後一定會有成效與結果，這稱作「無初有終」（沒有開始但有結果）。

九五已經有了結果，上九變成可有可無，並且前無去路，所以處境十分不利。人生有許多事該做，但是不能錯過時機。「少壯不努力，老大徒傷悲。」趁著年輕時好好學習正確的道理，自強不息，並且有始有終。

傅老師說卦

父母反覆叮嚀，老師諄諄告誡。這是年輕人所熟悉的畫面。當時，難免覺得這些長輩很煩，但是後來才覺悟那是自己的幸福。最可怕的待遇是漠不關心。

䷹

兌　卦
第58卦
澤

兌卦

以文會友

易經第五十八卦是兌卦，兌為澤（䷹）。本卦兩個陰爻皆在外（六三與上六），形成「剛中而柔外」的格局。〈彖傳〉出現「順乎天而應乎人」一語，與革卦所謂的「湯武革命」如出一轍。但是，這一次並不需要戰爭，而是：有了喜悅再來領導百姓，百姓就會忘記勞苦；有了喜悅再去冒險犯難，百姓就會忘記死傷。結論則是：喜悅的偉大作用，是要振作百姓的心志啊。

〈大象傳〉說，君子由此領悟：要與朋友一起討論及實踐。天下最讓人喜悅的，不是升官發財，而是明白人生的道理，尤其是與朋友互相唱和。曾子說：「君子以文會友，以友輔仁。」（《論語・顏淵》）意思是：君子以談文論藝來與朋友相聚，再以這樣的朋友來幫助自己走上人生正途。在道家的莊子看來，真正的朋友一定是覺悟了「道」，大家宛如在江湖中悠游而互相忘了對方，亦即「相視而笑，莫逆於心」（《莊子‧大宗師》）。這種快樂不言而喻。

本卦九四介於上下二兌之間，兌為口，所以這表示：商量而喜悅，還不能安定；隔開了疾病，就會有好事。別忘了「病從口入，禍從口出」的警語。現在應該修養口德，使自己由此得到健康，也由此廣結善緣。

傅老師說卦

遇事有朋友可以商量，真是一件愉快的事。如果談論的是文學藝術、人生體驗、文化理想，那更將讓人樂此不疲。

䷺

渙卦
第59卦
風水渙

渙卦

匪夷所思

易經第五十九卦是渙卦，卦象為「風水渙」（䷺）。人群有萃聚就有渙散，聚散之時至為緊要，所以萃卦（第四十五卦）與渙卦，在卦辭中都出現「王格有廟」（君王來到宗廟）一語，因為宗教信仰（包含祖先崇拜）是凝聚共識、化解執著的上策。

〈大象傳〉說，先王由此領悟：要向上帝祭獻，並且建立宗廟。由此可知，本卦具有深刻的宗教關懷。以卦象「風行水上」而言，風代表命令，也代表木，木可成舟，化解了水的危險，而命令則順著水而流向各處。這表示渙散雖有分崩離析的危機，但是信仰將可以穩定民心。

本卦六爻無悔、無咎、無凶，六四還出現「元吉」。六四說：渙散了同類，最為吉祥；渙散之後聚為山丘，不是平常所能想到的。這表示先散後聚，其勢更大。人群組成的團體，應該不斷提升視野，不可局限於最初的小圈子。因此，渙散是為了重新以理想號召更多的人聚合。

這種情況稱為「匪夷所思」，而這句成語在此是正面肯定的意思，亦即「不是平常所能想到的」，超出一般人的期許，有喜出望外之意。我們不可能改回這句成語的原始用法，但是也不能不知道它的本意。

傅老師說卦

「海內存知己，天涯若毗鄰。」同學畢業時，常以這兩句詩共勉。這表示人生聚散無常，離別是為了再度相逢。希望再見面時，大家都還維繫著年輕時的純潔懷抱。

節卦
第60卦
水澤節

節卦

適度節制

易經第六十卦是節卦，卦象為「水澤節」（䷻）。澤上有水；水若少了，澤將枯乾；水若多了，澤將泛濫。因此，適度節制才是恆久之道。〈彖傳〉說：天地有節制，四季才會形成；用制度來節制，就不會浪費金錢，也不會禍害百姓。

〈大象傳〉順著此一思路，指出君子要制定數量上的限度，評議道德上的行為表現。由此可以接上《中庸》所說的「喜怒哀樂之未發謂之中，發而皆中節謂之和。」

〈繫辭上〉談到本卦初九，引用孔子說：禍亂的產生，是以言語為其階梯。君主不能保密，就會失去臣子；臣子不能保密，就會喪失性命；幾微之事不能保密，就會造成失敗。因此，君子謹慎保密而不隨便說話。

於是，本卦九二是陽爻居柔位，出現了「凶」；六三是陰爻居剛位，也有悲嘆的樣子。初九位正無咎；六四位正「安節」（安定的節制），可以通達；九五「甘節」（甘美的節制），吉祥。但是，到了上六已經無路可走，變成「苦節」（苦澀的節制），不過這不是它的過失，所以最後「悔亡」（懊惱消失）。由此亦可見，節制需要判斷，要明白形勢與處境，才不會陷於「苦節」的困境。

傅老師說卦

節制有調節與約束之意。唯其節制，所以活得長久。人的身體是如此，人的心智也不例外，要以合宜方式在「知、情、意」三方面有所節制。安於平常、平淡、平凡，其實是過人的修養。

䷼ 中孚卦
第61卦
風澤中孚

中孚卦

誠信為上

易經第六十一卦是中孚卦，卦象為「風澤中孚」（䷼）。由卦象可見，這是上下卦相稱相配，彼此有誠信而「若合符節」。九二與九五兩個中間位置都是陽爻，代表內心真誠；由全卦看，則六三與六四兩個中間的爻都是陰爻，代表內心謙虛。凡是誠信，皆必須具備真誠與謙虛之德。

本卦九二爻辭最美，它說：「鳴鶴在陰，其子和之。我有好爵，吾與爾靡之。」意思是：大鶴在樹蔭下啼叫，牠的小鶴啼叫應和。我有美酒一罐，我要與你共享。

〈繫辭傳〉引述孔子的評論說：君子住在屋內，說出的話有道理，那麼千里之外的人也會呼應他，何況是身邊的人？他住在屋內，說出的話沒有道理，那麼千里之外的人也會違背他，何況是身邊的人？言語從自己口中說出，百姓都會聽到；行為在身上表現出來，遠處也會看到。言語與行為是君子處世的樞紐機關。樞紐機關一發動，就決定了獲得榮耀還是受到恥辱。言語與行為，是君子藉以感動天地的關鍵，可以不謹慎嗎？

此外，中孚卦也是一個放大的離卦，離為光明，所以〈大象傳〉說，君子由此領悟：要認真討論訟案，緩慢判決死刑。其目的則是要維持綱紀與照顧百姓，以昭大信。

傅老師說卦

能有誠信可靠的朋友，實為人生一大幸福。「君子之交淡如水」，我們所注意的未必是「淡」字，但一定希望它像「水」一樣活潑流動，生生不息，永遠清澈可喜。

䷽

小過卦
第62卦
雷山小過

小過卦

過猶不及

易經第六十二卦是小過卦，卦象為「雷山小過」（䷽）。小過卦是中孚卦的變卦（六爻皆變），所以形成四陰二陽，並且是二陽在全卦中間的位置。陰爻稱小，所以名為小者過也。可以對照大過卦（第二十八卦）來看。

《論語・先進》記載孔子對子張與子夏二人的評論，結語是「過猶不及」，意即：過度與不及一樣，都不理想。然而，本卦〈大象傳〉卻認為，君子由此領悟有三方面不妨可以超過一些，就是：行為要超過一般的恭敬，喪事要超過一般的哀傷，用費要超過一般的節儉。

除此之外，皆須警惕。本卦有三爻為「凶」。初六「飛鳥以凶」，「飛鳥」是將本卦橫著看，中為鳥身，兩邊為鳥翼；初六一上場，就想像飛鳥一般遠走高飛，這不是妄想嗎？六二居中守正，可以無咎。九三陽剛好動，正好犯了小過卦的忌諱，所以凶。九四陰陽相濟，態度緩和，可以無咎。六五也是陰陽相濟，亦即陰爻居剛位，本身稍安勿躁，沒有什麼得失。

到了上六，又想要像飛鳥一般逃走，但是已到了窮途末路，以致陷入羅網，出現了天災人禍。換言之，除了〈大象傳〉所說的三件事以外，還是謹慎為宜，以免過猶不及。

傅老師說卦

「禮多人不怪」，這是由於它表現了誠意。因此，禮不在多，而誠意要夠。表達誠意，不可忘記我們在乾卦介紹過的「修辭立其誠」，因為言為心聲。

既濟卦
第63卦
水火既濟

既濟卦

初吉終亂

易經第六十三卦是既濟卦，卦象為「水火既濟」（䷾）。六爻皆得正位，由下而上非常整齊，這不是代表大功告成嗎？水在火上，兩者各順其性向相互為用。不過，〈大象傳〉提醒我們，君子由此領悟：要考慮禍害而預先防範。這是因為水火無情，稍一不慎就會釀災。正如人類社會即使看來上了軌道，也須明白長治久安之不易。

水火並存，有戰爭之象，所以本卦九三說：高宗討伐鬼方，三年才征服；不可任用小人。這一段古代歷史談到安邦定國的作為。

本卦九五說：東鄰殺牛舉行大祭，還比不上西鄰的簡單禴祭，可以真正受到福佑。「禴祭」是春季以應時蔬菜祭祀的薄祭。在此，東鄰指商紂王，西鄰指周文王；祭祀以合時及虔誠為主，由此可見周朝的革命條件已經成熟了。所謂的「順乎天而應乎人」，已至收成階段。

但是，再怎麼好的形勢，也有走到盡頭的時候，所以上六陷入困境。「既濟」原指狐狸泅水過河，本卦初九說「浸濕尾巴」，還不致有災難；上六則說「浸濕了頭」，這當然有危險，眼看就要滅頂了。在安定中，樂昏了頭，以為天下自此太平，而這正是陷入混亂的開始。

傅老師說卦

美國大學的畢業典禮稱為「始業式」，意思是把畢業當做新階段的開始。因此，人只要活著，就不必想要真正退休，因為人生永遠都有新的契機。

未濟卦
第64卦
火水未濟

未濟卦

樂天知命

易經第六十四卦是未濟卦，卦象為「火水未濟」（䷿）。六爻皆無正位，這種卦象與既濟卦正好相反。但是上下二卦又完全正應（陰陽相配）。〈卦辭〉直接說：小狐狸快要渡過河，浸濕了尾巴，沒有適宜的事。

在本卦中，初六是「浸濕了尾巴」，上九是「浸濕了頭」，這些都是以狐狸為喻。狐狸過河時，會抬起尾巴，否則尾巴浸濕形成沉重的負擔，最後將無力渡過河流。由卦象看來，火在水上，兩者屬性正好分道揚鑣，各自發展而不相為用。〈大象傳〉指出，君子由此領悟：要慎重分辨物類，使它們各居其所。如此才可充分使用一切資源。

本卦九四也談到討伐鬼方之事，不過這一次是周朝的季歷（文王之父）出馬，經過三年才成功，並因而受到殷朝的封賞。到了六五則出現「君子之光」，表示君子的光明在照耀。上九所謂「浸濕了頭」，是指耽於逸樂，由於不知節制而造成這種後果。

易經六十四卦以未濟卦結束。這表示萬物尚未完成，必定「終而復始」；我們人類也不可幻想人間完美無瑕，因而忘記居安思危；至於個人，則仍須自我節制，努力進德修業，樂天知命。

傅老師說卦

《易經》描述變化奧妙，揭示「窮則變，變則通，通則久」的原則。因此，「未濟」是最後一卦，卻又明白表示它尚未完成，因為一切會繼續變化下去。我們的責任則是繼續提升人生境界。

消息卦

《易經》有所謂的「消息卦」。消是消退，息是成長。「陰陽消息」以十二個卦做為代表。凡是一個卦，同性爻由下往上連在一起，與異性爻沒有交錯的，就是消息卦。六十四卦中的另外五十二卦的變化，大都是由消息卦變成的。因此，消息卦除了本身形成一個「此消彼長」的系統之外，還可以代表節氣或運勢，再廣泛予以應用。

這十二卦可以分為兩組，一組是陽爻由下往上成長，另一組則是陰爻由下往上成長。這裏要請大家費心注意卦象了。第一組包含六卦，依序是：復卦（地雷復，䷗），臨卦（地澤臨，䷒），泰卦（地天泰，䷊），大壯卦（雷天大壯，䷡），夬卦（澤天夬，䷪），乾卦（六爻皆陽）。第二組依序是：姤卦（天風姤，䷫），遯卦（天山遯，䷠），否卦（天地否，䷋），觀卦（風地觀，䷓），剝卦（山地剝，䷖），坤卦（六爻皆陰）。

消息總是出現在變化之前。以農曆來看，十一月最冷的時候是復卦（一陽復起）；十二月是臨卦，陽氣逐漸成長；正月是泰卦（三陽開泰）；其餘依序推演。要記得「盛極而衰」的規律，由此居安思危，才可以做到有備無患與高瞻遠矚。明白易經變化的道理，再應用在個人的處世態度上，這一生自然可以趨吉避凶、長保平安了。

卷三

《易經》的內涵與應用

什麼是〈十翼〉？

易經的〈十翼〉稱為〈易傳〉，總共有七部十分。其中〈彖傳〉與〈象傳〉分為上下，是依六十四卦而分的（前三十卦稱為上經，後三十四卦稱為下經）。〈繫辭傳〉分為上下，則是由於原文太長所致。另外的四部分則是〈文言傳〉（只談乾坤二卦）、〈說卦傳〉、〈序卦傳〉與〈雜卦傳〉。

首先，〈彖傳〉用來解釋卦辭，說明一卦之卦名、卦象與卦義。其次，〈象傳〉有大象與小象。〈大象傳〉說明一卦的組合以及對古人（主要是君子）的啟示；〈小象傳〉則就一卦六爻的爻辭分別引申其旨。〈繫辭傳〉對《易經》作了全面而深入的解說，富於哲理。至於〈文言傳〉，只討論兩個最重要的卦，就是乾卦與坤卦。在乾卦中，有兩句話值得留意，就是：「閑邪存其誠」與「修辭立其誠」。意思是：防範邪惡以保持真誠，以及修飾言詞以確立真誠。〈說卦傳〉主要說明基本八卦的豐富象徵，有如了解卦爻辭的小字典，必須時時翻閱。

〈序卦傳〉說明六十四卦的順序有何道理。譬如，一開頭就是：「有天地，然後萬物生焉。盈天地之間者唯萬物，故受之以屯。」在此顯然以乾坤二卦代表天地，然後第三卦是屯卦，代表萬物初生的狀態。依此往下推演各卦。到了上經（三十卦）結束時，要進入下經時，它說：「有天地，然後有萬物；有萬物，然後有男女；有男女，然後有夫婦；有夫婦，然後有父子……夫婦之道不可以不久也，故受之以恆。」這一大段說的是下經。由咸卦到恆卦，然後是後續各卦。有些地方的連繫稍嫌勉強，是先有順序再作合理說明的。

至於殿後的〈雜卦傳〉，則由「乾卦剛健，坤卦柔順」開始，每兩卦構成一個相對的說法。結語是「君子的作風成長，小人的作風受困。」由此也總結了易經的期許。

《易經》的四種作用

按照〈繫辭傳〉的說法，易經在四方面展現了聖人之道：「用在言語方面的人，會推崇它的言詞；用在行動方面的人，會推崇它的變化；用在製造器物的人，會推崇它的圖象；用在卜筮方面的人，會推崇它的占驗。」

由此可知，古人閱讀易經，會在「言語、行動、製造器物、卜筮」這幾方面得到啟發。其中最讓人感到興趣的應該是「卜筮」方面。所以原文接著說：「因此，君子準備有所作為，準備有所行動時，用言語去詢問，它就會接受提問並且像回音一樣地答覆。無論是遠的、近的、幽隱的、艱深的問題，它都可以讓人得知未來的狀況。」

關於卜筮，另文再談。〈繫辭傳〉在本段最後的結論是：「易經的卦象，沒有思慮，沒有作為，寂靜不動，一受到感應就能通達天下的道理。」六十四卦擺在那兒，三百八十四爻也不會消失。平常翻閱時，只覺得深奧難解，不知其意思何在；一旦自己遇到具體的狀況，就好像有所感應，對某一卦的卦辭、某一爻的爻辭，覺得「心有戚戚焉」，正好說中了自己的心事，然後依其指示的方向去尋思正確的抉擇。有時並非易經告訴我們應該如何，而是我們由自己內心得到某些暗示，察覺了適當的因應之道。

《易經》與歷史

古代歷史的第一步

《易經》的〈繫辭傳〉談到伏羲氏制作八卦之後，開始描述他如何依此創建文明的社會。它首先說：「他編草為繩並且製成羅網，用來打獵捕魚，這大概是取象於離卦。」

離卦（䷝）的「離」字有「羅網」之象，由此產生具體的效用。但是，離卦原是指「火」，它列為伏羲應用的第一卦，也可以指涉「火是文明的創始力量」。沒有火，人類難以在洪荒世界存在。希臘神話也有普羅米修斯盜火給人的故事，大概基於同樣的考慮。

〈繫辭傳〉在介紹了伏羲氏之後，繼續介紹古代歷史。原文說：「伏羲氏死後，神農氏興起。他砍削木頭製成犁，揉彎木條製成犁柄，取得耕地鋤草的便利，再用來教導天下百姓，這大概取象於益卦。」

神農氏代表古代的農業社會階段，他為了農耕的需要，所參考的是益卦（䷩）。理由是：「本卦下震上巽，巽為木，震為足，中間有互艮與互坤，艮為手，坤為地。合之則為手持木器，腳入地而行動，為耕田之象。」這句解說使用了多重象徵，值得仔細玩味。

接著，原文說：「每天正午開設市集，招來天下的民眾，聚集天下的貨物，大家相互交換然後散去，讓人人都得到所需之物，這大概是取象於噬嗑卦。」「噬嗑」一詞有「市合」之音，有如市集交易而貨暢其流，各得所需而合其心意。由卦象看，噬嗑卦（䷔）「下震上離，離為日，為龜，震為行。中間有互艮與互坎，艮為手，坎為平（水）。合之則為在太陽下，行人以手易物，公平交易。龜在古代為值錢的貨物之一。」

走到這一步，社會大致穩定，可以逐漸開啟文明了。原來這一切都是受了易經的啟發，真是令人驚訝。

古代歷史的展開

〈繫辭傳〉在伏羲氏與神農氏之後，接著談到黃帝與堯、舜。加起來五位聖人，為了建國安邦，一共參考了十三個卦。前面提及離卦與益卦，接著上場的才是乾坤二卦。

原文說：「神農氏死後，黃帝、堯、舜相繼興起，會通各種變化，使百姓不會倦怠，以神奇能力化解困難，使百姓適宜生存。《易經》的法則是：窮困就會變化，變化就會通達，通達就會持久。因此，獲得上天的助佑，吉祥而無所不利。黃帝、堯、舜讓衣裳下垂而天下得到治理，這大概是取象於乾卦與坤卦。」

只要把握「窮則變，變則通，通則久」的原理，自然無往不利。乾卦（䷀）象徵「衣」，坤卦（䷁）象徵「裳」，古人服飾為「上衣下裳」，表示上下定位，各得其所，形成「垂衣裳而天下治」的景觀，亦即無為而治。並且，乾為天，坤為地，只要天地定位，則萬物自化，永保和諧安寧。

不過，人類世界的展開，卻不會如此單純。聖人除了具備超凡的智慧與能力之外，還需要卓越的德行，並且必須教導百姓在人生的各種問題上，明白正確的道理，追求真正的幸福。

社會生活的便利

〈繫辭傳〉在乾坤二卦之後，繼續描述古代社會如何藉由卦象來製作生活必需品與制定社會規範。

原文說：「挖鑿樹幹做成船，砍削木頭做成槳，船與槳的便利，可以助人渡過橫阻的河流，去到遠方造福天下的人，這大概是取象於渙卦。」渙卦（䷺）是木在水上，中間互震，震為行，有行船之象。

其次「馴服牛，乘著馬，可以拉著重物去到遠方，造福天下的人，這大概是取象於隨卦。」隨卦（䷐）下震上兌，由行動而喜悅，都是為了造福天下人。

然後，「重重門戶加上打更巡夜，用以防備凶暴的來者，這大概是取象於豫卦。」豫卦（䷏）下坤上震，坤為關起門來，震為出聲示警。

接著，「截斷木頭做成杵，挖掘平地做成臼，杵與臼的便利，讓所有的百姓得到幫助，這大概是取象於小過卦。」小過卦（䷽）下艮上震，下止而上動，為舂米之象。

最後，「揉彎樹枝做成弓，削尖樹枝做成箭，弓與箭的便利，用以威震天下，這大概是取象於睽卦。」睽卦（䷥）下兌上離，水火背道而馳，需要威鎮之。這一切都是為了長治久安。聖人用心良苦可見一斑。

社會規範的形成

〈繫辭傳〉最後談到文化禮俗方面的建設。原文說：「上古時代，人們住在洞穴與野外，後代的聖人改變為建造宮室，上有棟樑下有屋宇，用來防禦風雨，這大概是取象於大壯卦。」大壯卦（䷡）下乾上震。乾為人，震在東方屬木，象徵人有遮風避雨的屋子。

接著，「古代埋葬死人，用許多層柴草把人裹起來，埋在荒野中，不堆成墳墓，也不設立標誌，服喪也沒有固定的期限。後代的聖人改變為用棺槨殮葬，這大概是取象於大過卦。」大過卦（䷛）下巽上兌，巽在下為木，兌在上為反巽，為反蓋之木，中間互乾為人，有如人在上下二木之間，為棺槨之象。

最後，「上古時代，用結繩記事的方法來治理，後代的聖人改變為使用文字記事，官員得以治理，百姓得以監察，這大概是取象於夬卦。」夬卦（䷪）下乾上兌，乾為金，兌為言，合之則為把言語刻在金屬上，形成書寫的文字，有文字才有法律，也才能記載歷史。

以上各文所述的十三卦，是〈繫辭傳〉介紹古代聖人的非凡成就時所參考的。這一切都是為了人群的福祉。易經在中國古代的重要價值實在是不可取代的。

《易經》的智慧

〈繫辭傳〉描寫易經時，提及那是「衰世」，天下大亂，所以要有「憂患」意識。人在戒惕之中，特別用心體察，由此得見人所未知之事。

原文說：「易經明白過去並且察知未來，進而探究現象的細微變化，闡發幽隱的內情。解釋時，以恰當的名稱分辨事物，用準確的言語來下斷語，做到完備的程度。它所使用的名稱雖然有限，但是取材的類別卻很廣大。它的特色是：旨意深遠，語詞文雅，所說的話委婉而中肯，所說的事直率而含蓄。用這些來輔佐卦象，因而有助於百姓的行動，顯示喪失與獲得這兩種報應。」

百姓最看重的是報應，善有善報而惡有惡報，如此他們才願意繼續走在行善避惡的正途上。由此可見，易經的鑑往知來，是出於深刻了解人情世故，人對吉凶禍福的意願，以及未來變化的大致規律。對有志成為君子的人而言，這一切的關鍵是修德。六十四卦中，每一卦都有〈大象傳〉，「君子」一詞出現於五十三卦中，所談皆與個人如何修養德行有關。因此，在進一步學習占卦方法之前，必須先明白這一點。德行若是未能改善，即使獲得吉祥，又怎能珍惜與持久呢？

〈繫辭傳〉認為，君子應該隨時參考易經提供的智慧。原文這麼寫著：「因此之故，君子所安心靜處的，是易經顯示的位序；他所樂於玩味的，是卦爻辭的內容。」這裏提及的「位序」，似乎與占卜有關。譬如，我占到自己處在乾卦九三，那麼就須參考「整天勤奮不休，晚上還戒惕謹慎；有危險，但沒有災難。」

接著，〈繫辭傳〉說：「因此之故，君子靜處時就觀察卦爻的圖象，並且玩味其中的語詞；他行動時就觀察卦爻的變化，並且玩味其中的占驗。」這句話的含意是易經的內容博大精深，好像我們一輩子也研究不完。事實上，易經本身是一部書，變化的是我們自己。但是，不論怎麼變化，我們都可以在這本書裏面找到一些啟示。

「閒坐小窗讀周易，不知春去已多時。」這句詩所反映的是古代讀書人沉潛於易經中的心情。人只能活在當下目前的處境，但是天地無限寬廣，人生也變化無窮。易經卦爻辭的內容充滿象徵的意義，有如鑽石的各個側面，總是彰顯不同的精采，讓人百讀不厭。〈繫辭傳〉在本段結論說：「所以，上天會保佑他，吉祥而沒有任何不利。」這與「天助自助者」一語，也有異曲同工之妙。

做人處事的道理

〈繫辭傳〉選擇某些卦爻辭來加以發揮。所側重的都是做人處事的道理。

譬如，大過卦（䷛）的初六說：「用白色茅草墊在底下，沒有災難。」接著是孔子說：「就是把祭品擺放在地上也可以啊，底下還要墊一層茅草，這會有什麼災難呢？這是謹慎到了極點。茅草是一種微薄的東西，但是可以產生重大的作用。按照這種謹慎的方法去做事，就不會有什麼過失了。」

再如謙卦（䷎）的九三說：「有功勞而謙卑的君子，有好結果，吉祥。」接著是孔子說：「勞苦而不誇耀，有功績而不自認為有德，真是忠厚到了極點。這是說那些有功績依然謙下待人的人。德行要講求盛美，禮儀要講求恭敬，而謙卑正是使人恭敬以致保存自己地位的坦途。」

〈繫辭傳〉所謂的「子曰」，照字面意思是指「孔子說」，但是孔子是否真的說過這些話則仍有爭議。原則上，這些話既有智慧，又符合孔子教人修德的宗旨，因此我們至少可以視之為代表儒家立場，並且仔細聆聽而由之得到啟發。一個人謹慎而忠厚，凡事皆求問心無愧，當然是個坦蕩君子，又怎麼會不吉祥呢？

成為聖人的三項條件

古代經典所謂的「聖人」，各有不同的指涉。〈繫辭傳〉提及的聖人是製作易經的，他必須具備三項條件，就是：德行、能力與智慧。這種觀點符合儒家的立場。

〈繫辭傳〉先引述孔子的話：「易經可以用來做什麼？易經的哲理可以開發萬物，成就功業，涵蓋天下的法則，如此而已。」誰能完成這個任務？當然是聖人了。

原文接著說：「因此之故，聖人用它來貫通天下人的心意，奠定天下人的事業，裁斷天下人的疑問。」若想貫通天下人的心意，則須靠「德行」，因為只有德行完美才可能使天下人心悅誠服。若想奠定天下人的事業，則須靠「能力」。能力不足的人又怎能使天下人安居樂業？

最後，比較特別的是「智慧」，因為天下人總是會有各式各樣的疑惑。《尚書・洪範》提到「稽疑」（解決疑惑）時，也認為要使用「卜筮」。有些事可以靠深思熟慮，或由集思廣益而得到解決辦法。但是有些狀況讓人猶豫不決，難以衡量利弊得失，這時聖人就須發揮他的智慧。

在易經中，聖人的智慧總是離不開占卜的神奇作用。占卜的方法並不困難，但是如何解卦才是最大的挑戰。易經的建議依然是：保持一顆真誠而清明的心，再運用正確的方法。

如何走上人生的正路

《易經・說卦傳》主要是解說基本八卦的性質與象徵，其中有一段談到聖人作易的目的。原文說：「從前聖人創制易經，是要以它順應本性與命運的道理。因此，確立天的法則，稱之為陰與陽；確立地的法則，稱之為柔與剛；確立人的法則，稱之為仁與義。」

天是主動的創造力，以陰與陽為代表；地是被動的順承力，以柔與剛為象徵。人呢？就須靠「仁與義」來完成人生的應行之路了。在〈繫辭傳〉有一段相關的資料，原文是：「天地最大的功能是創生，聖人最大的寶物是地位。如何守住地位則說是仁德，如何聚集眾人則說是財物。因此，經理財物，導正言論，禁止百姓為非作歹，就說是義行。」

對百姓來說，聖人居於統治地位，必須展現仁德，並且使百姓在財物上不虞匱乏。至於義行，則是「理財正辭，禁民為非」，要引導百姓行善避惡。人生不是光為了活下去，還須明白活著有何目的。仁德與義行不只是聖人或政治領袖的必備條件，也是每一個人內心最深的願望。這是儒家人性向善論的立場，值得我們認真省思。離開了仁與義，人生難免陷於迷惑與失望中。

《易經》與占卜

時與位

易經自古即分為兩派：義理派與象數派。義理派強調做人處事的道理，就是根據六十四卦的變化模式，在趨吉避凶之時，還須努力修養德行與培養智慧。象數派則根據卦象及數字的組合，專門探索鑑往知來的奧祕。

這兩派其實是相輔相成的。易經的趣味及吸引力，正在於理論與實際的緊密結合。朱熹說過：「易為卜筮之書。」古人占卜用易經，例子所在多有。後代讀書人也按照〈繫辭傳〉所云：「居則觀其象而玩其辭，動則觀其變而玩其占。」意思是：靜處時就觀察卦爻的圖象，並且玩味其中的語詞；行動時就觀察卦爻的變化，並且玩味其中的占驗。

當你占問一事時，得到一卦。此卦代表大的時勢，就是所問之事的大致情況。明白了時機與趨勢，就不必再異想天開。然後，關於所問之事的應驗如何，則要看六爻中的某一爻。同一卦中的六爻代表六個不同的位置，所以吉凶互見，有好有壞。如何考量位置，另有一些方法可供參考。

仔細一想，人生的禍福不是就靠「時」與「位」嗎？在適宜的時機，處於適宜的位置，做什麼事都會比較順利。若是時與位無法配合，則稱為逆境，那就努力培養智慧與德行了。

占驗之詞

易經既然是卜筮之書，當然充滿了占驗之詞。沒錯，翻開易經任何一卦，都會看到一些特別的語詞，像「元、亨、利、貞、吉、凶、悔、吝、厲、孚、無咎、勿用」等等。我們可以大致描述其意。

「元」是開始，在乾卦是創始，在坤卦是順成，在其他各卦則指轉變的契機。「亨」是亨通，表示有路可走，沒有什麼阻礙。「利」是適宜做什麼事，或者有能力完成其事。「貞」是正固，就是堅持原有狀態，或者採取正當的作為。

「吉」與「凶」代表福與禍的兩個極端，等於宣告結果，不必再有別的念頭，趕緊修德行善吧！「悔」是心中懊惱，「吝」是遇到困難。吝而不悔，則自尋凶禍。「厲」是危險。「孚」是誠信，或得到別人的信賴。「無咎」是沒有災難，但是切記要「善補過」，因為只有善於補救過錯的人，才會免於災難，也就是趨吉避凶。「勿用」是不可有所作為，稍安勿躁，如乾卦初九的「潛龍勿用」。

占驗是提醒人不可心存僥倖，善惡必有某種報應。易經重視「誠心」，因為不論外在事物如何變化，只要秉心真誠，則主動力量操之於己，隨時可以改過遷善。

占卦的原則

《荀子・大略》說：「善為易者不占。」意思是：真正精通易經的人不必依賴占卦，因為他熟知易經的變化規則，明白吉凶禍福在於人的欲望，並且所謂的吉凶禍福也是相伴相隨而生的。既然如此，不如認真修養德行。譬如，「無咎」（沒有災難）所要求的是「善補過」（善於補救自己的過錯）。知過能改，善莫大焉。

如果真要占卦，則須遵守「三不占」的原則，就是：不誠不占，不義不占，不疑不占。這其中的道理並不複雜。試問：心中缺乏誠意，自然不會相信占卦的結果，那麼又何必浪費時間去占卦？其次，「不義」是指缺乏正當性，亦即不是自己應該過問的事，譬如別人的隱私或遭遇等，這些當然不宜占卦了。然後，有些事情早已確定無疑，並且合乎常理的發展，那麼占卦又是為了什麼？

據說孔子在魯國受到冷落時，曾經占得「旅卦」（䷷），顧名思義，自然是應該周遊列國了。火在山上，所以要順著時勢而知所進退。人生難道不是形同旅行嗎？孔子如果不曾十三年周遊各地，又如何檢驗他的學說與理想？因此，占卦並非為了取得某些世俗的利益，而是為了有效完成人生的目的。

占卦不是迷信

有一次我在一家直銷公司演講，聽眾三百多人。講完之後的討論中，一位年輕學員問說：「我去年算命，算到師卦，請教授幫忙解說。」

我隨手在白板上畫下師卦（䷆），然後問他今年幾歲，他答二十九。我說：「師卦六爻是一陽五陰的格局，九二為主。你二十九歲，正在這個主爻的位置。這代表兩個意思，就是師卦象徵『眾』與『軍』，一方面你有很多下線支持你，事業相當順利；另一方面，你開始遇到強勁的對手，對你頗具威脅。」他聽了之後頻頻點頭稱是。

我的說法是根據師卦的卦象與卦爻辭，一點也不神祕。平常多研究這些，自然會明白其中道理；至於臨場解說，則須靠一些靈感。我不知道他是怎麼算到師卦的，因為從易經演變出來的占卦方法很多。不過，不論你怎麼占，最後出現的都是一個具體的卦。

那麼，這位學員的下一步會怎麼發展？如果只看一個師卦，他到三十歲就有問題了，因為師卦六三頗為凶險。我只負責解說卦象，沒有辦法告訴他將來該怎麼辦。他若開始認真修德，調整價值觀，則吉凶再怎麼輪流轉，又何必太在意呢？易經不是迷信，因為它希望你了解自己的處境以及努力的方向。

我對占卦的了解

依心理學家榮格（C. G. Jung）所說，占卦所根據的是「共時性原理」，亦即同時發生的事情之間，應該也有相互的關聯。為什麼你在此時此地想要占卦？為什麼你要問的正好是某個問題？這些看似偶發的狀況，其實可以用一個術語來描寫，就是「有意義的偶然」。我們認為「偶然」的事，並非真的偶然，而易經占卦正是要解開此一謎題。

譬如，我用一個拾元銅板，人頭代表陽爻，梅花代表陰爻，然後向上拋擲六次，就得到「由下而上」的六爻，形成一個本卦。我再用一顆骰子一擲，看是幾點就代表哪一爻要變（由陽變陰，或由陰變陽），然後出現一個之卦（新成的卦）。這個變爻的爻辭就是我所占問之事的答案。

這種方法實在太容易了，三分鐘就算出一件事。但是，正因為太容易而顯得有些草率，那麼你會接受它的結果嗎？大概不會。〈繫辭傳〉提及的占卦方法，必須使用五十根蓍草或籌策（竹片），然後按照規矩仔細運作，大概二十分鐘可以算出一卦，並且其中的變爻可能從一到六，代表世事難料。

占卦之事，寧拙勿巧。真誠為上，並且要保持客觀心境，因為最後決定吉凶的還是個人的智慧與德行。

傅佩榮作品集 16

傅佩榮的易經入門課

原書名：傅佩榮與青少年讀易經

著者	傅佩榮
責任編輯	鍾欣純
發行人	蔡文甫
出版發行	九歌出版社有限公司
	臺北市105八德路3段12巷57弄40號
	電話／02-25776564・傳真／02-25789205
	郵政劃撥／0112295-1
九歌文學網	www.chiuko.com.tw
印刷	晨捷印製股份有限公司
法律顧問	龍躍天律師・蕭雄淋律師・董安丹律師
初版	2008年9月10日
增訂新版	2017年5月
新版9印	2024年3月
定價	**260元**

書號	0110816
ISBN	978-986-450-123-6

（缺頁、破損或裝訂錯誤，請寄回本公司更換）

國家圖書館出版品預行編目（CIP）資料

傅佩榮的易經入門課／傅佩榮著.　-- 增訂新版.
-- 臺北市：九歌，2017.05
面；　公分 --（傅佩榮作品集；16）

ISBN　978-986-450-123-6（平裝）

1. 易經　2. 通俗作品

121.17　　106004780